Merve Demir

Behavioral Finance als Erfolgsfaktor in der privaten Vermögensbildung

Wie Privatanleger fatale Entscheidungen bei der Kapitalanlage vermeiden

Bibliografische Information der Deutschen Nationalbibliothek:

Die Deutsche Nationalbibliothek verzeichnet diese Publikation in der Deutschen Nationalbibliografie; detaillierte bibliografische Daten sind im Internet über http://dnb.d-nb.de abrufbar.

Impressum:

Copyright © EconoBooks 2021

Ein Imprint der GRIN Publishing GmbH, München

Druck und Bindung: Books on Demand GmbH, Norderstedt, Germany

Covergestaltung: GRIN Publishing GmbH

Inhaltsverzeichnis

Abbildungsverzeichnis

Tabellenverzeichnis

1 Einleitung

1.1 Problemstellung

Das weltweite Brutto-Geldvermögen der privaten Haushalte erreichte im Jahr 2017 mit circa 170 Billionen Euro einen neuen Rekord.[1] Das Geldvermögen in Deutschland erreichte am Ende des Jahres 2018 einen Höchststand und ist im Vergleich zum Vorjahr um 2,27 % auf 6.016 Milliarden Euro gestiegen.[2] Zwar scheinen diese Zahlen zuerst einmal erheblich hoch, allerdings stellt sich die Frage, ob die privaten Haushalte mit diesem Reichtum verantwortungsvoll umgehen. Der verantwortungsvolle Umgang mit dem Vermögen ist abhängig von den bestehenden zahlreichen Herausforderungen, wie z.B. der digitalen Transformation oder dem demografischen Wandel der Bevölkerung.[3] Die Komplexität der Frage, welche Kapitalanlagen sich für die private Vermögensbildung am besten eignen, ist deutlich gestiegen.[4] Besonders private Haushalte in Europa und folglich auch in Deutschland sind bei der privaten Vermögensbildung von gewaltigen Herausforderungen, insbesondere durch die anhaltende Niedrigzinsphase, betroffen. Dadurch ergibt sich bei der privaten Vermögensbildung die Problematik, dass die Verzinsung des eingebrachten Kapitals sinkt und für den Vermögensaufbau dementsprechend höhere Leistungen erforderlich sind.[5] Hierbei ist ein gesellschaftlicher Aspekt, dass die Bevölkerung in Deutschland bei der privaten Vermögensbildung ungern risikoreichere Kapitalanlageinstrumente, wie z.B. Aktien, nutzen. Demnach belassen sie ihr Kapital durch ihr konservatives Anlageverhalten auf wenig bis zu gar nicht verzinsten Sparkonten. Für die Mehrheit der Privatanleger in Deutschland ist der Aspekt unbekannt, dass die Kapitalanlage in Wertpapieren, wie beispielsweise in Aktien, sich besonders für die langfristig erfolgreiche private Vermögensbildung eignen. Zahlreiche Studien zeigen, dass ein wesentlicher Grund für diese Erkenntnis das mangelnde Wissen der Privatanleger zum Thema Finanzen ist.[6] Die Qualität der Entscheidungen über Kapitalanlageinstrumente für die private Vermögensbildung

---

[1] Vgl. Allianz (Hrsg.) (2019), https://www.allianz.com (Stand: 22.04.2019).

[2] Vgl. Deutsche Bundesbank (Hrsg.) (2019a), https://www.bundesbank.de (Stand: 29.04.2019).

[3] Vgl. ebenda, https://www.allianz.com (Stand: 22.04.2019).

[4] Vgl. Fischer, M./Wagner, D. (2017), S. 1.

[5] Vgl. Bundesministerium der Finanzen (Hrsg.) (2017), S. 5.

[6] Vgl. Rezmer, A. (2019), https://www.handelsblatt.com (Stand: 22.04.2019).

steht in einem engen Verhältnis mit dem Finanzwissen der Privatanleger.[7] Folglich führt eine gute finanzielle Allgemeinbildung zu besseren Entscheidungen und zu einem rationalen Anlegerverhalten bei der Kapitalanlage.[8] Die Merkmale der rational handelnden Anleger sind diejenigen, die das Menschenbild des Homo Oeconomicus besitzt. Allerdings verhalten sich Privatanleger bei der Kapitalanlage in der Realität, insbesondere auf Finanzmärkten, aufgrund mangelndem Finanzwissen, Emotionen, psychologischer Faktoren und eingeschränkten Kognitionen vielmehr begrenzt rational. Diese Irrationalität führt zu Fehlentscheidungen im Anlegerverhalten, zu Kurs- beziehungsweise Preisverzerrungen auf den Märkten und folglich zu dramatischen Misserfolgen bei der Kapitalanlage für die private Vermögensbildung.[9]

Daher beschäftigt sich die Verfasserin in der vorliegenden Bachelorarbeit mit der Thematik der privaten Vermögensbildung unter besonderer Berücksichtigung des financial behavior der Anleger. Ziel dieser Bachelorarbeit ist es, systematisch fundierte Erkenntnisse über die wesentlichen Bausteine der privaten Vermögensbildung, über das Wissen der Privatanleger zum Thema Finanzen und über deren Anlegerverhalten bei Kapitalanlageentscheidungen zu erhalten. Die zentrale Forschungsfrage dieser Bachelorarbeit lautet, ob Anleger mit finanzspezifischem Wissen rationale Entscheidungen bei der privaten Vermögensbildung treffen und somit bessere Anlageerfolge als Anleger ohne finanzspezifisches Wissen erzielen können. Die Verfasserin untersucht diese Forschungsfrage mit Hilfe einer quantitativen Forschung.

1.2 Gang der Untersuchung

Zur Erreichung der Zielsetzung wird im zweiten Kapitel die private Vermögensbildung als besondere Technik des Financial Planning vorgestellt. Dabei nimmt die Verfasserin in Kapitel 2.1 die Einordnung der privaten Vermögensbildung in die Theorie der privaten Finanzplanung vor und zeigt wesentliche Bausteine und Möglichkeiten zur Vermögenstrukturierung auf. In Kapitel 2.2 wird die Differenzierung von Geldwert- und Sachwertanlagen vorgenommen und daraufhin ausgewählte Kapitalanlageinstrumente dargestellt, die ein Privatanleger zur Vermögensbildung nutzen kann. Eine umfängliche Beschreibung aller Anlageinstrumente und deren

---

[7] Vgl. Grohmann, A./Menkhoff, L. (2015), S. 655.

[8] Vgl. Morrien, R. (o.J.), https://www.gevestor.de (Stand: 22.04.2019).

[9] Vgl. Kurz, C. (2018), https://www.private-banking-magazin.de (Stand: 22.04.2019).

Produkte würde den Umfang dieser Arbeit überschreiten. Daher geht die Verfasserin ausschließlich auf die wichtigsten Merkmale der ausgewählten Instrumente ein. Das Kapitel 2.3 stellt die Kapitalanlageziele dar. Zudem wird in diesem Kapitel das financial behavior, welches den Einfluss des Finanzwissens auf das Anlegerverhalten aufzeigt, näher dargestellt.

Die Verfasserin skizziert unter Kapitel 3 die wesentlichen Bausteine der neoklassischen Kapitalmarkttheorie als ein Erklärungsansatz der Anlegerverhalten. In Kapitel 3.1 wird die Entstehung der Neoklassik und die Anwendung der Portfolio Selection näher vorgestellt. Die zentralen Annahmen der neoklassischen Kapitalmarkttheorie, der rationale Investor und die Markteffizienz, werden in Kapitel 3.2 erläutert. Daraufhin werden im nächsten Unterkapitel ausgewählte Kapitalmarktmodelle vorgestellt und die vorherrschende Kritik zu dieser Theorie aufgezeigt. Auf eine umfängliche Diskussion der Entwicklung des Homo Oeconomicus wird verzichtet, da diese den Rahmen dieser Arbeit überschreiten würde. Die Verfasserin geht daher nur auf die wichtigsten Fundierungen und Merkmale ein.

Die moderne psychologische Finanzmarktforschung Behavioral Finance, welches im vierten Kapitel aufgezeigt wird, stellt durch zahlreiche wissenschaftliche Forschungsarbeiten die neoklassischen Kapitalmarktmodelle und deren Annahmen in Frage. Daher wird in Kapitel 4.1 die Entstehung und Zielsetzung dieser Theorie erläutert. In diesem Unterkapitel geht die Verfasserin kurz zur Abgrenzung auf die Marktanomalien ein. Die Vorstellung ausgewählter Verhaltensmodelle der Behavioral Finance erfolgt in den Kapiteln 4.2 und 4.3. Die Verfasserin stellt in Kapitel 4.2 die Heuristiken im Informationswahrnehmungs- und im Informationsverarbeitungsprozess vor. In Kapitel 4.3 werden die Heuristiken im Entscheidungsprozess vorgestellt. Auf die Darstellung weiterer Heuristiken hat die Verfasserin bewusst verzichtet, da diese den Umfang dieser Arbeit übersteigen würden.

Nachdem die Verfasserin in den vorherigen Kapiteln den theoretischen Bezug und den aktuellen Forschungsstand der Themen dargestellt hat, erfolgt in Kapitel 5 die empirische Untersuchung in Form einer Befragung. Mit Hilfe dieser sollen die unter 5.1 aufgestellten Hypothesen zu den Themen private Vermögensbildung, financial behavior und Heuristiken der Behavioral Finance überprüft und die bereits vorgestellte Forschungsfrage beantwortet werden. Das Kapitel 5.1 stellt die Methoden und Techniken der empirischen Untersuchung vor. In Kapitel 5.2 erfolgt die Auswertung der Umfrage zu den Hypothesen über die private Vermögensbildung und das financial behavior. Die Auswertung der Umfrage zu der Hypothese über die Heuristiken der Behavioral Finance erfolgt in Kapitel 5.3.

Anschließend folgt im sechsten Kapitel eine kurze Zusammenfassung der Ergebnisse in Bezug auf die Zielsetzung, auf die Hypothesen und auf die Forschungsfrage dieser Arbeit. Zudem spricht die Verfasserin abschließend konkrete Handlungsempfehlungen für Finanz- und Bankberater sowie Privatanleger aus.

Die Theorien financial behavior und Behavioral Finance stellen zwei unterschiedliche Thematiken dar, allerdings sind diese eng miteinander verbunden. Daher ist insbesondere auf die mögliche Verwirrung der Bezeichnungen in dieser Bachelorarbeit hinzuweisen.

Abhängig von der Fristigkeit wird der Finanzmarkt in Geld- und Kapitalmarkt differenziert. Im Rahmen dieser Bachelorarbeit liegt der Fokus auf der Kapitalanlage für die private Vermögensbildung und demnach sind Privatanleger die Zielgruppe dieser Arbeit. Daher sind in dieser Arbeit die Begriffe Finanz- und Kapitalmarkt gleichbedeutend.

2 Private Vermögensbildung als besondere Technik des Financial Planning

2.1 Vermögensbildung und Vermögensstrukturierung der privaten Haushalte

Die private Vermögensbildung wird in der Literatur als Bestandteil unterschiedlicher Theorien behandelt. In der Volkswirtschaftslehre ist die private Vermögensbildung ein Bestandteil der Mikroökonomik. Im volkswirtschaftlich erweiterten Wirtschaftskreislauf, der bereits im 18. Jahrhundert entwickelt wurde, entsteht die private Vermögensbildung durch die Ersparnisse der privaten Haushalte. Die privaten Haushalte verzichten auf den Konsum und sparen einen bestimmten Anteil ihres Einkommens zur gegenwärtigen privaten Vermögensbildung an. Das Kapital wird in unterschiedliche Anlageinstrumente investiert und dient zu einem späteren Zeitpunkt für ein Vermögenseinkommen.[10]

Außerdem ist die Vermögensbildung ein Bestandteil der privaten Finanzplanung. Die private Finanzplanung ist ein Planungsmodell, welches in der USA unter dem Begriff *Financial Planning* entwickelt wurde. Das Modell dient zu Analyse, Planung und Erreichung der finanziellen Ziele und Wünsche der Anleger. Sie wird in der Praxis als eine Finanzdienstleistung in Form eines kontinuierlichen Beratungsprozesses angewandt. Das Modell besteht neben der Vermögensbildung aus der Liquiditätsplanung, Existenzsicherung, Vermögensstrukturierung und der Soll-Ist-Kontrolle.[11] Hierbei werden die Bedürfnisse der Anleger, wie z.B. Vermögen bilden, Vermögen sichern oder Finanzierung, mit passenden Leistungen des Finanzdienstleistungsanbieters gekoppelt. Diese stellt die Funktionskoppelung im Finanzdienstleistungsmarkt dar und vernetzt die Angebote mit der Nachfrage.[12] Die private Finanzplanung umfasst die Informationsbeschaffung, -verarbeitung und -weiterleitung an den Anleger. Die Entscheidungen über die Vermögensstrukturierung und über die Kapitalanlagen sind von dem privaten Anleger zu treffen. Der Finanz- oder Bankberater kann dabei Unterstützung leisten. Die persönliche Finanzplanung wird in der Praxis neben dem Begriff Financial Planning oft auch als Vermögensmanagement, Wealth Management oder Vermögensanalyse bezeichnet. Die private

---

[10] Vgl. Woeckener, B. (2014), S. 57; Vgl. hierzu auch Zorn, V. (2016), S. 25-29.
[11] Vgl. Böckhoff, M./Stracke, G. (2004), S. 21-34.
[12] Vgl. Bätscher, R./Piller, M. (2003), S. 4 f.

Finanzplanung richtet sich nach dem menschlichen Lebenszyklus. Hierbei werden die finanziellen Ziele der privaten Anleger festgelegt, die sich am Lebensalter des Anlegers orientieren. Zudem werden alternative Lösungen zur Erreichung der festgelegten Ziele ausgearbeitet, umgesetzt, später überwacht und auf die aktuellen Lebensumstände angepasst.[13]

Bei der Auswahl der Kapitalanlage zur privaten Vermögensbildung sind bestimmte persönliche und anlagebezogene Kriterien zu berücksichtigen. Die persönlichen Kriterien der Privatanleger umfassen die Ist-Situation, die Ziele und Präferenzen des Anlegers, wie beispielsweise die persönliche Situation, die bereits vorhandene Vermögensstruktur, die Einstellung gegenüber Kapitalanlagen bezogen auf die Risikobereitschaft und die erwartete Wertentwicklung. Die anlagebezogenen Kriterien umfassen die Anlagedauer, den Anlagebetrag, die Sicherheit, Liquidierbarkeit, Rentabilität und die steuerliche Behandlung der Kapitalanlage.[14]

Die Vermögensstrukturierung kann durch eine Asset Allocation innerhalb eines Portfolios dargestellt werden. Durch eine Asset Allocation wird die Diversifikation von Vermögenswerten in unterschiedliche Kapitalanlageinstrumente vorgenommen und der Prozess für die Vermögensstrukturierung dargestellt. Die Vermögensstreuung unterstützt die Basisanlageziele des magischen Dreiecks der Kapitalanlage.[15] Das magische Dreieck der Kapitalanlage ist in der folgenden Abbildung dargestellt:

---

[13] Vgl. Schmidt, G. (2016), S. 3-22.
[14] Vgl. Lindmayer, P./Dietz, H. (2019), S. 18.
[15] Vgl. Böckhoff, M./Stracke, G. (2004), S. 94 f.

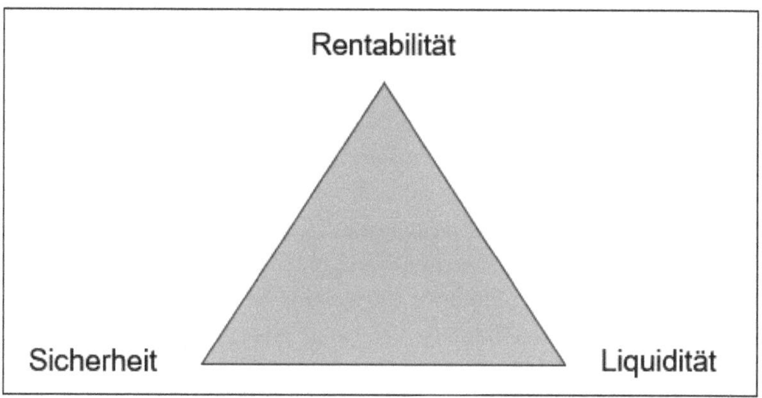

Abb. 1: Das magische Dreieck der Kapitalanlage[16]

Die Basisanlageziele Rentabilität, Sicherheit und Liquidität können nicht gleichzeitig mit einem Kapitalanlageinstrument erreicht werden, da diese miteinander konkurrieren. Daher ist das Vermögen auf verschiedene Anlageinstrumente zu streuen. Das magische Dreieck kann um die Komponente Steueroptimierung zum magischen Viereck erweitert werden.[17] Die Kapitalanlageinstrumente werden in Kapitel 2.2 vorgestellt. Das magische Viereck wird in Kapitel 2.3 dargestellt und erläutert.

Bei der Vermögensstrukturierung ist die Risikodiversifizierung auf unterschiedliche Anlageinstrumente notwendig. Zudem sind bei der privaten Vermögensbildung Anlageformen in einem Portfolio zusammenzufassen, deren Wertentwicklung unabhängig voneinander sind. Die Korrelation zweier Kapitalanlagen A und B kann zwischen 1 und -1 liegen.[18] Die Wertung unterschiedlicher Korrelationskoeffizienten erfolgt in Kapitel 3.1.

Die Vermögensstreuung wird nach der Fristigkeit in strategische und taktische Asset Allocation unterschieden. Bei der strategischen Asset Allocation erfolgt die Vermögensstreuung nach den langfristigen Zielen des Anlegers. Dabei werden die persönlichen und finanziellen Rahmenbedingungen berücksichtigt. Die Streuung der strategischen Asset Allocation kann beispielsweise in Anlageformen, Regionen oder in unterschiedlichen Währungen erfolgen. Aufgrund des längerfristigen

---

[16]   Eigene Darstellung.

[17]   Vgl. Moll, V. (2011), S. 72.

[18]   Vgl. Peterreins, H. (2008), S. 59-61; Vgl. hierzu auch Gross, J. (2018), S. 26 f.

Ansatzes bleiben Liquiditätspunkte unberücksichtigt. Daher kann bei der strategischen Asset Allocation im Vergleich zu einer kurzfristigen Betrachtung der Anteil der illiquider Anlageformen höher sein. Im Gegensatz zur strategischen Asset Allocation steht die taktische Asset Allocation. Die taktische Vermögensstreuung bezieht sich auf einen kurzfristigen Anlagehorizont. Das Ziel der taktischen Asset Allocation ist die Erreichung einer unterjährigen Zusatzrendite durch die kurzfristigen Marktentwicklungen. Hierbei kann die Streuung in unterschiedliche Branchen, Titel und Emittenten vorgenommen werden. Die taktische Asset Allocation kann auf die strategische Asset Allocation, die ein Anleger als Grundmodell nutzen kann, aufbauen. Langfristige Ziele können nicht unabhängig von den kurzfristigen Zielen betrachtet werden, da beispielsweise das langfristige Renditeziel durch ein negatives Jahresergebnis bedroht sein kann. Daher gelten für kürzere Anlagehorizonte maximale Verlustmöglichkeiten, die bei der Zusammenstellung der Vermögensstreuung zwingend zu berücksichtigen sind.[19]

Die Asset Allocation des Kapitals für die private Vermögensbildung kann mit den folgenden vier Modellen festgelegt werden: das Lebensphasenkonzept, das Geldwert-Sachwert-Modell, die neoklassische Portfoliotheorie und der Anlegertyp-Ansatz.[20] Diese Modelle werden nachfolgend näher dargestellt:

Das erste Modell, das **Lebensphasenkonzept,** basiert auf der Lebenszyklushypothese des Wirtschaftswissenschaftlers Franco Modigliani. Das Konzept nimmt an, dass jedes Individuum verschiedene Lebensabschnitte und Entwicklungsphasen durchläuft, die die Anlagestrategien und die persönlichen Anlageziele bestimmen.[21]

Folgende vier Lebensphasen werden voneinander unterscheiden:

Phase 1	Existenzsicherung (bis zum 35. Lebensjahr)
Phase 2	Etablierung (35. bis 45. Lebensjahr)
Phase 3	Risiko- und Spielphase (45. bis 60. Lebensjahr)
Phase 4	Erntephase und Alterssicherung (ab 60. Lebensjahr)

Tab. 1: Phasen des Lebensphasenkonzeptes[22]

---

[19] Vgl. Söhnholz, D./Rieken, S./Kaiser, D. (2010), S. 37-40;
   Vgl. hierzu auch Steiner, M./Bruns, C./Stöckl, S. (2017), S. 95-132.
[20] Vgl. Böckhoff, M./Stracke, G. (2004), S. 93-113.
[21] Vgl. ebenda, S. 96.
[22] Eigene Darstellung nach: Mitternacht, E./Ruesch, A. (1995), S. 4.

Die Phase 1 beschreibt die *Existenzsicherung* und beinhaltet die Lebensphase bis zur Beendigung der Berufsausbildung, des Studiums oder der Weiterbildung. Daher stehen in dieser Phase Investitionen in die Aus- und Weiterbildung und demnach Investitionen in das eigene Humankapital im Vordergrund. Außerdem umfasst diese Lebensphase die Absicherung der Arbeitskraft gegen Ausfälle durch Berufsunfähigkeit, Unfall, Krankheit und Arbeitslosigkeit. Diese Absicherung kann durch den Abschluss von privaten Versicherungen und durch den Aufbau von Liquidität über monatliche Sparpläne vorgenommen werden. In der Phase 2 findet die *Etablierung* des aufgebauten Lebensstandards statt. Hierbei steht der Aufbau von Vermögen durch beispielsweise Investitionen in den Kapitalmarkt oder in Immobilien im Vordergrund. Außerdem sind, falls gegeben, für die Versorgung der Familie Vermögenspolster aufzubauen. In der nächsten Phase beginnt die *Risiko- und Spielphase*. Diese Phase zeichnet sich durch eine sichere Position im Berufsleben mit einem relativ hohen Einkommen aus. Die Fixkosten und notwendigen Ausgaben können sinken und das freiverfügbare Einkommen kann steigen. Mit dem frei werdenden finanziellen Spielraum können risikoreiche Anlagen zur Erhöhung der Ertragschancen getätigt werden. Zu diesen Anlagen gehören besonders Wertpapiere in Form von Aktien. Die letzte Phase umfasst die *Erntephase und Alterssicherung*. In dieser Phase findet die Umschichtung des Vermögens auf risikoarme und ertragssichere Anlagen, wie beispielsweise Leibrente und festverzinsliche Wertpapiere, statt. Ein wesentlicher Grund hierfür ist, dass das aufgebaute Vermögen zu einem späteren Zeitpunkt als ein Einkommen dient und für den Lebensunterhalt genutzt werden kann.[23] Allerdings ist bei diesem Konzept anzumerken, dass die Altersgrenzen aufgrund von Änderungen im Lebenszyklus variieren und die ersten drei Stufen, abhängig von dem Einstieg ins Berufsleben, vorgezogen werden können.[24]

Das **Geldwert-Sachwert-Modell** beschreibt die Aufteilung der Anlagen in Geld- und Sachwerte. Aufgrund von persönlichen Zielen und Wünschen der Anleger sind bei Kapitalanlagen eine individuelle Kombination aus Geld- und Sachwertanlagen notwendig. Allerdings kann in der Praxis die strenge Trennung zwischen Geldwert und Sachwert nicht erfolgen. Die Einteilung der Kapitalanlagen in Geld- und Sachwertanlagen reicht allein für die Asset Allocation nicht aus. Für diese Anlagen gelten die Anlageziele, die in einem engen Verhältnis zueinander stehen. Daher hat

---

[23] Vgl. ebenda, S. 4.
[24] Vgl. Böckhoff, M./Stracke, G. (2004), S. 97; Vgl. hierzu auch Keller, H. (2013), S. 4-6.

der Anleger im ersten Schritt die persönliche Wichtigkeit der Ziele abzuwägen, bevor er sich für eine Geld- oder Sachwertanlage entscheidet.[25] Die Unterscheidung der Geldwert- und Sachwertanlagen erfolgt in Kapital 2.3.

Die **neoklassische Portfoliotheorie** beschäftigt sich mit der zweidimensionalen Sichtweise von Anlagen. Hierbei werden bei der Vermögensstrukturierung die Faktoren Rendite und Risiko berücksichtigt. In der privaten Finanzplanung werden diese Faktoren, wie im magischen Dreieck dargestellt, um die Dimension Liquidität erweitert. Die Portfoliotheorie wird immer häufiger als Instrument zur Strukturierung des Vermögens der privaten Anleger eingesetzt.[26] Die nähere Erläuterung der neoklassischen Portfoliotheorie erfolgt in den Unterpunkten des 3. Kapitels.

Bei der Festlegung und Analyse der Asset Allocation nach dem **Anlegertyp-Ansatz** wird der Anleger in eine Risikoklasse eingestuft. Je nach Anlageform erfolgt für jede Risikoklasse eine unterschiedliche Asset Allocation. Dieser Ansatz kann folgende drei Anlegertypen unterscheiden: Konservativ, Ausgewogen und Wachstumsorientiert. Der *konservative* Anleger ist sicherheitsorientiert. Dabei besteht der überwiegende Anteil seines Vermögens aus festverzinslichen Wertpapieren mit einem geringen Risiko. Damit werden die Schwankungen im Portfolio gering gehalten und der Anleger profitiert nur von einer geringen Wertentwicklung. Außerdem nutzt dieser noch Anlageinstrumente wie das Sparbuch, das Festgeld und die klassische Rentenversicherung. Das *ausgewogene* Portfolio beinhaltet sicherheitsorientierte und renditeorientiere Anlagen zu einem gleichen Anteil. Daher steigen die Schwankungsbreite und die Renditechancen bei dieser Vermögensstruktur. Allerdings können in diesem Portfolio die Schwankungen der renditeorientierten Anlageformen durch die sicherheitsorientierten Anlagen ausgeglichen werden. Im *wachstumsorientierten* Portfolio stehen renditeorientierte Anlageinstrumente, wie z.B. Aktien, im Vordergrund. Bei diesen Portfolios sind hohe Schwankungsbreiten und höhere Renditechancen möglich.[27] Der Anlegertyp-Ansatz bietet in der Praxis eine kostengünstige und einfache Umsetzung von Anlagestrategien. Allerdings ist dieser Ansatz standardisiert. Daher bleiben entweder die individuellen Wünsche der Anleger unberücksichtigt oder die standardisierten

---

[25] Vgl. Böckhoff, M./Stracke, G. (2004), S. 99-101;
     Vgl. hierzu auch Lindmayer, P./Dietz, H. (2019), S. 2 f.
[26] Vgl. Franke, G./Hax, H. (2009), S. 317 f.; Vgl. hierzu auch ebenda, S. 101-112.
[27] Vgl. Keller, H. (2013), S. 27 f.; Vgl. hierzu auch ebenda, S. 112 f.

Portfolios sind entsprechend den Wünschen anzupassen, welches wiederum ein Mehraufwand darstellt.[28]

2.2 Instrumente der Kapitalanlage für die private Vermögensbildung

Abhängig von den Anlagezielen und der Anlagedauer können für die private Vermögensbildung unterschiedliche Anlageinstrumente genutzt werden. Kapitalanlageinstrumente umfassen eine breite Palette von Anlageformen, die in *Geldwert* oder in *Sachwert* unterschieden werden.[29] Deren Unterschiede werden in der folgenden Tabelle dargestellt:

Geldwertanlagen	Sachwertanlagen
<ul><li>eher für kurz- bis mittelfristige Anlagen auf Konten, in Geldmarktfonds und in liquide Anleihen</li><li>das Risiko-/Chancenprofil ist eng mit der Bonität des Schuldners verbunden</li><li>geringe Renditerisiken und -chancen</li><li>hohe Liquidität</li></ul>	<ul><li>eher für langfristige Kapitalanlagen in Sach- und Substanzwerte geeignet, wie z.B. in Aktien oder Immobilien</li><li>das Risiko-/Chancenprofil ist von der heutigen Beurteilung des Sachwertes und daher von dessen erwarteter Wertentwicklung abhängig</li><li>hohe Renditerisiken und -chancen</li><li>eingeschränkte Liquidität</li></ul>

Tab. 2: Die zwei Formen der Kapitalanlage[30]

Geldwertanlagen werden oft zum Erhalt von Liquidität genutzt. Bei Anlageinstrumente, die als Geldwertanlagen gelten, erfolgt die Auszahlung eines festgelegten Betrags zu einem im Voraus festgelegten Zeitpunkt. Die wichtigsten Instrumente der Geldwertanlagen sind Sparguthaben, Tagesgeld, Festgeld, Geldmarktfonds und Anleihen. Hierbei steht die Sicherheit der Anlage und demnach die Beurteilung der Schuldnerbonität im Vordergrund. Diese Anlagen bieten eine feste Verzinsung und daher zumeist kalkulierbare Erträge. Geldwertanlagen werden durch die Kaufkraftveränderungen beeinflusst. Die Inflation bewirkt oft eine negative Kaufkraftveränderung, die durch den Zinsertrag der Anlage ausgeglichen werden soll. Allerdings ist diese derzeit aufgrund der anhaltenden Niedrigzinsphase nicht möglich.[31]

---

[28] Vgl. ebenda, S. 112 f.
[29] Vgl. May, H. (2007), S. 5.
[30] In Anlehnung an: Lindmayer, P./Dietz, H. (2019), S. 2.
[31] Vgl. ebenda, S. 2.

Sachwertanlagen dienen in der privaten Vermögensbildung für die langfristige Kapitalanlage. Die wichtigsten Anlageformen sind Aktien und Aktienfonds, Grundstücke, Gebäude und Immobilienfonds, Rohstoffe, Gold und Edelmetalle. Die Verzinsung dieser Anlagen ist zu Beginn der Kapitalanlage unbekannt. Diese ist abhängig von der zukünftigen Wertentwicklung der Anlageform. Die Aussicht der zukünftigen Verzinsung erfolgt anhand von vergangenheitsorientierten Ertragsdaten.[32]

Außerdem sind bei Kapitalanlageinstrumente eine Mischung von Geld- und Sachwerten möglich. Dies sind sogenannte *gemischte Anlagen*, wie beispielsweise Mischfonds. Weitere Kapitalanlageinstrumente sind sogenannte Termingeschäfte beziehungsweise Derivate, wie z.B. Optionen, Aktienanleihen und Zertifikate.[33]

Für die private Vermögensbildung können folgende Kategorien der Kapitalanlageinstrumente unterschieden und ausgewählte Beispiele ihnen zugeordnet werden:

Kapitalanlageinstrumente	Ausgewählte Beispiele
Anlage auf Konten	Tagesgeld, Festgeld
Anlage in Versicherungen	Kapitallebensversicherung, Rentenversicherung
Anlage in Anleihen	Sparbriefe, Bundesanleihen, Industrieanleihen
Anlage in Aktien	Inhaberaktien, Nennwertaktien, Vorzugsaktien
Anlage in Investmentfonds	Aktienfonds, Rentenfonds, Mischfonds
Anlage in Immobilien	direkte und indirekte Immobilienanlagen
Anlage in Sonstige	Bausparen, Gold, Rohstoffe

Tab. 3: Kategorien der Kapitalanlageinstrumente für die private Vermögensbildung[34]

Anlagen auf Konten sind für die Anleger geeignet, die keine Risiken, wie z.B. Schwankungen bei der Kapitalanlage, eingehen möchten. Für Anleger, die über das Kapital täglich verfügen möchten, kann die Kapitalanlage auf Tagesgeldkonten vorgenommen werden. Festgeldkonten sind im Vergleich zu Tagesgeldkonten, aufgrund der im Voraus festgelegten Laufzeit, unflexibler. Diese Anlageformen erwirtschaften eine geringe Verzinsung. Daher dienen diese ausschließlich zur Liquiditätsreserve und nicht für die private Vermögensbildung.[35] Insbesondere in der heutigen Niedrigzinsphase erreichen die Zinsen von Anlagen auf Konten die

---

[32] Vgl. ebenda, S. 2 f.

[33] Vgl. May, H. (2007), S. 5.

[34] Eigene Darstellung nach: Dommermuth, T./Hauer, M./Nobis, F. (2012), S. 15-79.

[35] Vgl. Peterreins, H. (2008), S. 83-85.

Nullzinsgrenze. Diese wirkt sich negativ auf die Vermögensbildung der privaten Haushalte aus, wenn der Anleger den Kaufkraftverlust, welcher durch die Inflation ausgelöst wird, mitberücksichtigt.[36] Durch die Korrektur der Nominalzinsen einer Kapitalanlage um die Kaufkraftentwicklung lassen sich die Realzinssätze berechnen.[37] Die Realzinsen einer Spareinlage mit 3-monatiger Kündigungsfrist für private Haushalte betrug zum 31.12.2018 -1,5293 %. Diese zeigt, dass das Vermögen der Bevölkerung in Deutschland, welches in Spareinlagen eingezahlt wird, durch die Inflationsrate einer negativen Realverzinsung unterliegt.[38] Die Höhe der Spareinlagen der privaten Haushalte in Deutschland lag am Ende des 4. Quartals in 2018 bei 560,6 Milliarden Euro.[39] Der Anteil an Spareinlagen am Gesamtgeldvermögen der privaten Haushalte in Deutschland, welches am Ende des 4. Quartals bei 6.016 Milliarden Euro lag, beträgt demnach 9,32 %. Das Gesamtgeldvermögen enthält gehaltene Bargeldbestände, Bankeinlagen, Wertpapiere, Versicherungen und Pensionseinrichtungen.[40]

Die *Kapitalanlage in Versicherungen* ist ein Instrument für die private Vermögensbildung. Diese Art von Anlageformen werden speziell zur Vermögensbildung für die private Altersvorsorge genutzt. Hierzu bietet der Markt ein breites Angebot von Versicherungsprodukten an.[41] Diese reichen von der klassischen Kaitallebensversicherung, Rentenversicherung bis zur fondsgebundenen Rentenversicherung. Zudem gibt es in Deutschland die Riester- und Basis-Rente, die durch Zulagen und Steuerbegünstigungen staatlich gefördert werden. Für Arbeitnehmer besteht die Möglichkeit der betrieblichen Altersversorge, wie z.B. Direktversicherung, wodurch eine Steuer- und Sozialabgabenersparnis möglich ist. Kapitalanlagen in Versicherungen sind hinsichtlich der Verfügbarkeit unflexibel.[42]

---

[36] Vgl. Hennecke, P. (2017), S. 733.

[37] Vgl. Deutsche Bundesbank (Hrsg.) (2017), S. 104-107.

[38] Vgl. Deutsche Bundesbank (Hrsg.) (2019b), https://www.bundesbank.de (Stand: 06.04.2019).

[39] Vgl. Deutsche Bundesbank (Hrsg.) (2019c), https://www.bundesbank.de (Stand: 29.04.2019).

[40] Vgl. Deutsche Bundesbank (Hrsg.) (2019a), https://www.bundesbank.de (Stand: 29.04.2019).

[41] Vgl. May, H. (2007), S. 69 f.

[42] Vgl. Peterreins, H. (2008), S. 140-159.

Kapitalanlagen in Anleihen erfolgen in festverzinsliche Wertpapiere. Diese bezeichnen den Inhaber einer Schuldverschreibung und werden ferner als Rentenpapiere, Bond oder Obligationen bezeichnet. Der Anleger ist hierbei der Gläubiger und der Emittent der Schuldner. Die wichtigsten Merkmale von Anleihen sind die Verzinsung, die Bonität des Emittenten, die Laufzeit und die Währung. Anleihen sind vor allem von dem Kursrisiko und dem Bonitätsrisiko des Emittenten betroffen. Das Kursrisiko entsteht, indem steigende Zinsen auf dem Markt zu fallenden Kursen der im Umlauf mit niedrigeren Zinskupons ausgestatteten Wertpapieren führen. Die Rendite hängt von der Bonität des Emittenten ab. Je risikoreicher die Bonität eines Emittenten ist, desto höher ist die Verzinsung der Anleihe. Daher setzt sich die Gesamtrendite einer Anleihe aus den Zinskupons und gegebenenfalls aus den Kursgewinnen zusammen. Am Ende der Laufzeit erfolgt die Rückzahlung durch den Schuldner. Dabei erhält der Anleger in der Regel den Betrag zu 100 % des Nennwertes zurück.[43] Strukturierte Portfolios berücksichtigen Anleihen, um Schwankungen anderer Wertpapiere, wie z.B. Aktien, auszugleichen. Am Ende des Jahres 2017 waren die Privathaushalte in Deutschland mit 120,5 Milliarden Euro in Anleihen investiert.[44]

Anlagen in Aktien sind Wertpapieranlagen, die den Anleger mit bestimmten Anteilen am Grundkapital einer Aktiengesellschaft beteiligen. Der Anleger ist hierbei der Eigenkapitalgeber und hat Anspruch auf eine Dividendenzahlung, welches den Anleger am erwirtschafteten Gewinn des Unternehmens beteiligt. Aktienarten lassen sich nach dem Umfang der verbrieften Rechte unterscheiden. Je nach Umfang erhält der Aktionär Anspruch auf folgende Rechte: Anspruch auf Anteil am Gewinn durch eine Dividendenauszahlung, Teilnahme an der Hauptversammlung, Stimmrecht in der Hauptversammlung, Bezugsrecht auf junge Aktien bei einer Kapitalerhöhung und bei Auflösung des Unternehmens Anteil an dem Liquiditätserlös. Bei Investitionen in Aktien ist besonders auf die breite Streuung in mehrere Wertpapiere über verschiedene Aktienmärkte und Regionen zu achten, um das Risiko zu diversifizieren.[45] Aktien sind stark von den Schwankungen an den Kapitalmärkten betroffen. Verkauft ein Anleger seine Wertpapiere während einem Abschwung der Börse, kann er sehr hohe Verluste realisieren. Daher sind bei Aktienanlagen starke

---

43   Vgl. Dommermuth, T./Hauer, M./Nobis, F. (2012), S. 22-25.
44   Vgl. Lindmayer, P./Dietz, H. (2019), S. 143.
45   Vgl. May, H. (2007), S. 81-93.

Nerven und eine hohe Anlegerdisziplin erforderlich.[46] Zudem eignen sich Aktien besonders für langfristige Kapitalanlagen. Aktien weisen im Vergleich zu anderen Anlageinstrumenten sehr hohe Risiken auf. Allerdings besitzen sie im Gegenzug die Möglichkeit zu hohen Renditechancen.[47]

Durch die *Anlage in Investmentfonds* wird die Diversifikation des Risikos einem Experten überlassen. Dabei ist das Grundprinzip, dass Anleger mit bereits kleinen Anlagebeträgen in viele unterschiedliche Wertpapiere investieren und an den Wertentwicklungen auf den Kapitalmärkten teilhaben können. Das Fondsvermögen eines inländisch aufgelegten offenen Investmentfonds wird als Sondervermögen bezeichnet und durch eine Verwahrstelle getrennt von dem Restvermögen der Kapitalverwaltungsgesellschaft gehalten. Investmentfonds werden inhaltlich unterschiedlich ausgestaltet und können daher in unterschiedlichen Typen, wie beispielsweise in Aktien-, Renten-, Mischfonds, aufgeteilt werden.[48] Diese eignen sich besonders für Anleger mit einem mittel- und langfristigen Anlagehorizont. Im Vergleich zu Kapitalanlagen in Einzelaktien weisen Investmentfonds durch die breite Streuung und die strengen Kontrollmaßnahmen eine höhere Sicherheit für die private Vermögensbildung der Anleger auf. Die unterschiedlichen Fondsarten variieren hinsichtlich des Risikos und der geeigneten Anlagedauer. Beispielsweise weisen Aktienfonds ein höheres Risiko als Geldmarktfonds auf und sind eher für mittel- bis langfristige Anlagen geeignet. Im Vergleich hierzu eignen sich Geldmarktfonds eher für kurzfristige Kapitalanlagen.[49] Innerhalb des Fondsmanagement wird zwischen aktiv und passiv gemanagten Investmentfonds unterschieden. Aktiv gemanagte Investmentfonds werden von Fondsmanagern verwaltet und weisen des Öfteren für den Anleger höhere Verwaltungskosten auf. Ein Fondsmanager verfolgt das Ziel, durch eine bestimmte Anlagestrategie eine Outperformance zu erzielen, um so den jeweiligen Vergleichsindex zu schlagen.[50] Im Gegensatz zu aktiv gemanagten Investmentfonds stehen die passiv gemanagten Investmentfonds. Diese werden als Indexfonds oder Exchange Traded Funds (ETF) bezeichnet und orientieren sich am jeweiligen Index. Passiv gemanagte Investmentfonds besitzen kein aktives Fondsmanagement. Daher entfallen dabei die Managementkosten und die

---

[46] Vgl. Pohl, D. (2009), S. 42.

[47] Vgl. Schlütz, J./Springer, C./Seipel, A. (2008), S. 39.

[48] Vgl. Dommermuth, T./Hauer, M./Nobis, F. (2012), S. 49-59.

[49] Vgl. ebenda, S. 73-79.

[50] Vgl. Kommer, G. (2015), S. 11-16.

Transaktionshäufigkeit ist geringer als bei aktiv gemanagten Investmentfonds. Des Weiteren bieten passiv gemanagte Fonds den Anlegern mehr Sicherheit vor Fehlentscheidungen des Fondsmanagers.[51]

Die *Anlage in Immobilien* unterscheidet sich in direkte und indirekte Immobilienanlagen. Die direkten Immobilienanlagen umfassen beispielsweise Eigentumswohnungen, Ein-, Mehrfamilienhäuser und Gewerbebauten. Indirekte Immobilienanlagen sind Beteiligungen wie beispielsweise an Immobilienfonds.[52] Immobilien besitzen in der Vermögensbildung eine besondere Bedeutung für langfristige Kapitalanlagen, insbesondere bei mittlerem und größerem Vermögen.[53] Sicherheitsbewusste Anleger nehmen die Kapitalanlage für die Vermögensbildung, vor allem zur privaten Altersvorsorge, immer mehr in Immobilien vor. Hierbei ist zu berücksichtigen, dass die Finanzierung der Immobilie vor dem Renteneintrittsalter abgeschlossen ist, damit der Privatanleger im Ruhestand keine Zins- und Tilgungszahlungen erbringen muss. Im Vergleich zu den anderen Anlageinstrumenten weisen Immobilien deutlich geringere Ertragsschwankungen auf. Daher dienen diese Anlagen besonders in risikoreicheren Portfolios zur Diversifizierung des Risikos, beispielsweise in einem Vermögensportfolio mit Aktien im Übergewicht.[54]

Außerdem können *Sonstige Kapitalanlageinstrumente*, wie beispielsweise Bausparverträge oder Anlagen in Gold, für die private Vermögensbildung genutzt werden. Gold und andere Rohstoffe gelten als inflationsresistente Anlageinstrumente und eignen sich besonders zur Beimischung in inflationsanfälligen Wertpapierportfolios. Bausparverträge bestehen aus einer Anspar- und Darlehensphase und dienen hauptsächlich für zukünftige wohnwirtschaftliche Maßnahmen, wie z.B. Kauf oder Bau von Eigenheim und zur Nutzung der staatlichen Förderungen.[55] Allerdings werden Bausparverträge des Öfteren ohne klar definierte Anlageziele genutzt. Zudem bieten sie eine absolute Zinssicherung in der Darlehensphase. Eine vorzeitige Verfügung des Kapitals ist mit Kosten verbunden.[56]

---

[51] Vgl. Pohl, D. (2009), S. 100 f.
[52] Vgl. May, H. (2007), S. 98.
[53] Vgl. Lindmayer, P./Dietz, H. (2019), S. 41.
[54] Vgl. Brunner, M. (Hrsg.) (2009), S. 17-19.
[55] Vgl. Dommermuth, T./Hauer, M./Nobis, F. (2012), S. 28-40.
[56] Vgl. Peterreins, H. (2008), S. 161.

2.3 Kapitalanlageziele und das financial behavior der Privatanleger

Mit der Kapitalanlage werden verschiedene Ziele definiert. Diese zeigen neben der individuellen Persönlichkeit die unterschiedlichen Präferenzen eines Anlegers. Außerdem sind die unterschiedlichen Ziele abhängig von der Höhe des zur Verfügung stehenden Kapitals. Die allgemeinen Kapitalanlageziele sind die Sicherheit, Rentabilität, Liquidität und Steueroptimierung.[57] Diese werden, wie aus der folgenden Abbildung ersichtlich ist, in einem magischen Viereck dargestellt:

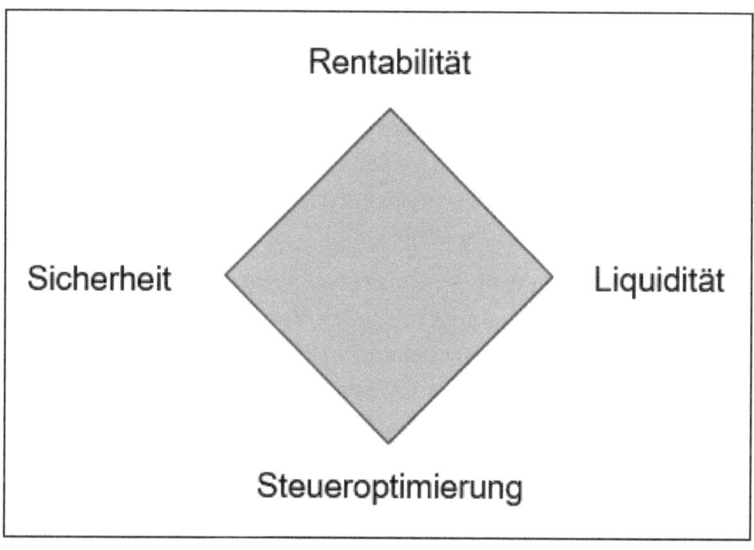

Abb. 2: Das magische Viereck der Kapitalanlage[58]

Die *Rentabilität* einer Kapitalanlage ist die wichtigste Eigenschaft für den Erfolg der Anlage. Der finanzielle Erfolg ergibt sich aus dem Verhältnis des erreichten Ertrags zum eingesetzten Kapital. Zur Bewertung und Beurteilung einer Kapitalanlage wird die rechnerische Größe Rendite genutzt. Die Rendite zeigt in einem Zinssatz die erreichte jährliche Verzinsung einer Anlage.[59] Bei gegebenen Zinssätzen, wie z.B. bei Sparkonten oder Anleihen, können die Zinsen einer Kapitalanlage mit unterschiedlichen Zinsformeln berechnet werden.[60] Die Rentabilität ist abhängig

---

[57] Vgl. May, H. (2007), S. 6; Vgl. hierzu auch Moll, V. (2011), S. 72 f.

[58] In Anlehnung an: Lindmayer, P./Dietz, H. (2019), S. 3.

[59] Vgl. ebenda, S. 8 f.

[60] Vgl. ebenda, S. 578.

von der Anlageform und kann aus der Verzinsung, dem Kursgewinn bzw. dem Kursverlust und den Kosten und Gebühren bestehen. Die Verzinsung einer Anlage kann eine feste Verzinsung, wie beispielsweise bei Spareinlagen oder eine variable Verzinsung, wie beispielsweise bei Aktien, sein. Allerdings können bei Anlagen auf dem Kapitalmarkt zusätzliche Kursgewinne oder Kursverluste generiert werden. Ein privater Anleger ist besonders an der Rendite einer Kapitalanlage abzüglich Kosten und Steuern interessiert. Die Kosten einer Anlage, wie beispielsweise Verwaltungskosten oder Provisionen, verringern die erreichte Rendite einer Anlage. Diese können für die Anlageentscheidung aus den Produkt- und Informationsblättern, z.B. bei Investmentfonds aus den wesentlichen Anlegerinformationen, entnommen werden. Für die Anlageentscheidung kann ein Investor in der steuerlichen Betrachtung aus der Rendite nach Steuern unter Berücksichtigung des individuellen Steuersatzes die Rendite vor Steuern berechnen. Dadurch können Alternativanlagen verglichen werden, um eine Entscheidung über die Kapitalanlage zur privaten Vermögensbildung zu treffen.[61]

Ein weiteres Kriterium ist die *Sicherheit* einer Anlage. Hierbei wird die Gewährleistung betrachtet, dass der Anlagebetrag erhalten bleibt und die Rückzahlung des angelegten Kapitals erfolgt. Die Sicherheit einer Kapitalanlage hängt mit den Risiken der Anlage zusammen. Eine Kapitalanlage wird von Risiken begleitet. Diese wirken sich negativ in Form von Verlusten oder Schäden auf den Anlagebetrag aus.[62] Das Risiko einer Anlage zeigt die Gefahr, dass die Ergebnisse nicht vorherzusehen sind und daher die vorliegenden Ergebnisse von den erwarteten Ergebnissen abweichen können. Die Chancen und Risiken einer Kapitalanlage stehen in einem engen Verhältnis: Je höher die Rendite einer Anlage ist, desto größer sind die mit der Anlage verbundenen Risiken.[63] Eine Kapitalanlage kann beispielsweise von folgenden Risiken begleitet werden: Verlust-, Kurs-, Ertrags- und Währungsrisiko. Das Verlustrisiko führt bei einer Kapitalanlage dazu, dass dies durch beispielsweise widrige Umstände, wie z.B. Unternehmensinsolvenz, in das die Kapitalanlage erfolgte, gefährdet wird. Das Kursrisiko ist bei festverzinslichen Anlagen, außer bei Anleihen, in der Regel eng begrenzt. Allerdings können variabel verzinsliche Anlagearten, wie beispielsweise Aktien, ein unbegrenztes Kursrisiko enthalten. Infolgedessen sind große Abfälle der Verkaufskurse im Vergleich zu dem ursprünglichen

---

61 Vgl. May, H. (2007), S. 8 f.; Vgl. hierzu auch Lindmayer, P./Dietz, H. (2019), S. 4 f.
62 Vgl. ebenda, S. 3.
63 Vgl. Günther, S. et al. (2012), S. 178-180.

Einkaufskurs möglich. Mit dem Ertragsrisiko wird die Gefahr beschrieben, dass die Kapitalanlage eine geringere Verzinsung erreicht, als ursprünglich angedacht war. Festverzinsliche Kapitalanlagen sind von dem Ertragsrisiko nicht betroffen. Kapitalanlagen, die in einer Fremdwährung vorgenommen werden, sind von dem Währungsrisiko betroffen. Wenn der Kurs der Fremdwährungsanlage gegenüber der Heimwährung fällt, dann hat der Anleger bei einem Umtausch mit Verlusten gegenüber dem ursprünglichen Kaufpreis zu rechnen.[64] Bei Auswahl einer Kapitalanlage ist daher die Risikobereitschaft des Anlegers zu berücksichtigen. Bei der Risikoneigung kann der Grad der Risikotragfähigkeit zwischen risikoscheu und risikofreudig variieren. Die Risikobereitschaft von Anlegern verändern sich im Laufe der Zeit. Die mögliche Veränderung der Risikotragfähigkeit der Anleger wird mit Hilfe der Heuristiken, die in Kapitel 4.2 und 4.3 dargestellt werden, begründet. Allerdings nehmen Berater in der Realität eine fiktive Risikoneigung an, um eine passende Anlagestrategie für die private Vermögensbildung zu definieren.[65]

Das dritte Kriterium ist die *Liquidität*. Diese beschreibt die Verflüssigung einer Kapitalanlage in Bargeld. Je schneller und einfacher eine Kapitalanlage in flüssige Mittel umgewandelt werden kann, desto höher ist die Liquidität. Die Anlageformen können in einem Rang dargestellt werden. Dabei werden die Anlageformen je nach Liquiditätsstufe auf einer Skala von 1 bis 5 gestaffelt. Dadurch kann die Frage beantwortet werden, wie schnell sich eine Kapitalanlage in Bargeld und somit in flüssige Mittel umwandeln lässt.[66] In der nachfolgenden Tabelle werden ausgewählte Anlageinstrumente nach der Liquiditätsstufe dargestellt. Dabei steht die Zahl 1 für eine hohe Liquidität und die Zahl 5 für eine niedrige Liquidität:

---

[64] Vgl. ebenda, S. 6 f.
[65] Vgl. Peterreins, H. (2008), S. 19.
[66] Vgl. Lindmayer, P./Dietz, H. (2019), S. 3-6.

Liquidi-tätsstufe	Anlageinstrumente
1	Bargeld; Guthaben auf Kontokorrentkonto/Girokonto; Geldmarkt-fonds
2	Investmentfonds; Aktien; Einlagen mit Kündigungsfrist 6 bis 24 Mo-nate
3	Edelmetalle; Sparbriefe; Einlagen mit Kündigungsfrist 24 bis 48 Mo-nate
4	offene Immobilienfonds; Kapitallebensversicherungen; Immobilien
5	geschlossene Immobilienfonds; steuerbegünstigte/längerfristige Anla-gen

Tab. 4: Anlageinstrumente gestaffelt nach Liquiditätsstufen[67]

Bei einer Entscheidungsfindung ist im Kontext der Liquidierbarkeit einer Anlage der persönliche Anlagehorizont des Investors zu berücksichtigen. Die Qualität der Anlageziele können in Abhängigkeit mit der Anlagedauer variieren. Privatanleger besitzen aufgrund der unterschiedlichen Vermögensziele mehrere Anlagehorizonte gleichzeitig. Eine Kapitalanlage wird hinsichtlich der Anlagedauer in kurzfristig, mittelfristig und langfristig unterschieden. Je kurzfristiger der Anlagehorizont des privaten Investors ist, desto mehr ist auf die Sicherheit einer Kapitalanlage zu setzen. Daher sollte bei kurzfristigen Anlagehorizonten die Kapitalanlage in liquidere Instrumente erfolgen.[68] Eine kurzfristige Kapitalanlage kann eine Fälligkeit bis 12 Monate und eine mittelfristige Kapitalanlage zwischen 1 bis 2 Jahren aufweisen. Alle Kapitalanlagen, die eine Laufzeit über 2 Jahren enthalten, werden als langfristige Anlagen bezeichnet.[69]

Die *Steueroptimierung* stellt das vierte Kapitalanlageziel dar. Bevor eine Anlageentscheidung getroffen wird, sollte die steuerliche Auswirkung auf die persönliche Steuersituation geprüft werden. Insbesondere ist hierbei die Möglichkeit von Steuerersparnissen zu prüfen. Bezüglich der Steueroptimierung wird beispielsweise kontrolliert, ob der Anleger seinen Sparer-Freibetrag in Höhe von 801 Euro pro Person ausgenutzt hat.[70]

---

[67] In Anlehnung an: ebenda, S. 6.
[68] Vgl. Peterreins, H. (2008), S. 37 und S. 68-72.
[69] Vgl. ebenda, S. 18.
[70] Vgl. May, H. (2007), S. 10.

Die Ziele Rentabilität, Sicherheit, Liquidität und Steueroptimierung kann ein Anleger bei der Kapitalanlage nicht gleichzeitig erreichen. Beispielsweise stehen die Rentabilität und Liquidität einer Kapitalanlage in einem Zielkonflikt. Je länger die Laufzeit einer Kapitalanlage ist, desto höher kann die zu erreichende Rendite betragen. Ein weiteres Beispiel ist, dass die Sicherheit einer Kapitalanlage mit der Rentabilität in einem Zielkonflikt stehen, da eine hohe Rendite in der Regel mit einem hohen Risiko verbunden ist. Folglich stehen die dargestellten Kapitalanlageziele in einem Zielkonflikt und sind individuell nach der Situation und den Wünschen des privaten Anlegers zu bewerten und zu berücksichtigen.[71]

Das finanzielle Verhalten der Bevölkerung wird in der Theorie als financial behavior bezeichnet. Diese beschäftigt sich mit der Frage, wie private Anleger unter Berücksichtigung des finanziellen Wissens mit ihrem Kapital umgehen. Die drei grundlegenden Bestandteile des financial behavior sind: **(1)** das tägliche Geldmanagement, z.B. das Bezahlen von Rechnungen oder Sparen, **(2)** die Planung der Vermögensbildung und **(3)** die Entscheidungsfindung über geeignete Kapitalanlageinstrumente. Das financial behavior steht in einem engen Zusammenhang mit den Verhaltensregeln der Behavioral Finance, die in den Kapitel 4.2 und 4.3 dargestellt werden. Die Finanzkompetenz wird als finanzielle Alphabetisierung beziehungsweise financial literacy bezeichnet. Die Qualität der Kapitalanlageentscheidungen der Privatanleger ist eng mit dem Maß der finanziellen Alphabetisierung verbunden.[72] Die finanzielle Alphabetisierung beschreibt die finanzielle Allgemeinbildung, wie z.B. das Wissen über Risikostreuung, Inflation und Zinsen.[73] Die Organisation für wirtschaftliche Zusammenarbeit und Entwicklung OECD definiert die finanzielle Allgemeinbildung als ein Prozess. Dabei verbessern die Privatanleger ihr Wissen und Verständnis über Finanzen und Kapitalanlageinstrumente durch die Sammlung von Informationen in Form von Bildung oder Beratung. Dadurch werden sie den Chancen und Risiken der Anlagen bewusst und können demzufolge fundierte Entscheidungen bei der Kapitalanlage treffen.[74]

---

[71] Vgl. ebenda, S. 10 f.

[72] Vgl. Raaij, W. (2016), S. 8-16.

[73] Vgl. Hock, M. (2015), https://www.faz.net (Stand: 14.04.2019).

[74] Vgl. OECD (Hrsg.) (2005), https://www.oecd.org (Stand: 14.04.2019).

Diese kann durch die finanzielle Sozialisierung der Anleger erweitert werden. Die finanzielle Sozialisierung beschreibt den Prozess der Anleger neben dem Finanzwissen zusätzlich Verhaltensweisen zu erlernen, die gemeinsam das Anlageverhalten bei finanziellen Entscheidungen beeinflussen. Diese können Anleger bereits in der Kindheit erlernen, indem sie beispielsweise selbständig ein Girokonto führen. Dadurch wird bereits im jungen Alter der Umgang mit Kapital trainiert und erlernt. Die finanzielle Sozialisierung kann durch verschiedene Wege stattfinden, wie z.B. durch den Einfluss in der Schule, auf der Arbeit oder insbesondere in der Familie.[75]

Zahlreiche Studien zeigen, dass viele Menschen eine geringe finanzielle Bildung besitzen. Diese ist eine Ursache für die Fehler, die beim Treffen von Entscheidungen bei der privaten Vermögensbildung entstehen können. Außerdem überschätzen viele Anleger ihren tatsächlichen Wissensstand zum Thema Finanzen.[76] Beispielsweise wurden im Rahmen einer Studie der Weltbank Gallup und der George Washington University 150.000 Menschen in 144 Ländern zum Basis-Finanzwissen befragt. Die Studie zeigt, dass weltweit nur jeder dritte Teilnehmer als finanziell alphabetisiert gilt. In der Studie wurde auch die deutsche Bevölkerung befragt. In Deutschland gelten 66 % der Menschen als finanziell alphabetisiert.[77] Zudem zeigt eine weitere Studie, die wissenschaftliche Studie von Matthias Fischer und Dominik Wagner, dass die Bevölkerung in Deutschland große Defizite bei dem Wissen und bei der Funktionsweise von Kapitalanlageinstrumente aufweist. Insbesondere der Zusammenhang der Komponenten Rendite und Risiko ist vielen Menschen nicht bekannt.[78]

Zur Beseitigung der Defizite existieren bereits weltweit und somit auch in Deutschland zahlreiche Projekte und Bildungsangebote, wie z.B. durch die OECD. Diese Projekte und Bildungsangebote unterscheiden sich hinsichtlich der Zielgruppe und demzufolge der Thematik. Neben der OECD bestehen noch weitere Projektträger, wie z.B. Banken, Sparkassenorganisationen, Wohlfahrtsverbände, Versicherungen oder Verbraucherzentralen. Die Zielgruppe der Bildungsangebote sind meistens Lehrkräfte und Schüler. Für Erwachsene existieren wenige Bildungsangebote. Daher bestehen, trotz der zahlreichen Projekte und Bildungsangebote, noch

---

[75] Vgl. Grohmann, A./Menkhoff, L. (2015), S. 656; Vgl. hierzu auch Kirchner, C. (2018), S. 90.

[76] Vgl. Raaij, W. (2016), S. 127; Vgl. hierzu auch Kaminski, H./Friebel, S. (2012), S. 6-13.

[77] Vgl. Hock, M. (2015), https://www.faz.net (Stand: 14.04.2019);
Vgl. hierzu auch boerse.ARD.de (Hrsg.) (2015), https://boerse.ard.de (Stand: 14.04.2019).

[78] Vgl. Fischer, M./Wagner, D. (2017), S. 37.

erhebliche Defizite in der finanziellen Allgemeinbildung der Bevölkerung in Deutschland. Aus diesem Grund kann der Bildungsstand zum Thema Finanzen noch optimiert werden.[79] Folglich sollten Anleger bei einem unzureichenden Bildungsstand für die finanziellen Entscheidungen Unterstützung über kompetente Beratungen einholen.[80]

---

[79] Vgl. ebenda, S. 15 f.
[80] Vgl. ebenda, S. 131.

3 Neoklassische Kapitalmarkttheorie als ein Erklärungsansatz der Anlegerverhalten

3.1 Entstehung der neoklassischen Kapitalmarkttheorie und die Portfolio Selection

Die Modelle der neoklassischen Kapitalmarkttheorie werden zur Bewertung von Wertpapieren genutzt. Die Entstehung dieser Theorie baut auf die klassische Nationalökonomie auf. Diese wurde Mitte des 18. Jahrhundert durch den Wirtschaftswissenschaftler Adam Smith entwickelt.[81] Seine Theorie vertritt die Aussage, dass die Märkte sich über das Angebot und der Nachfrage selbst regulieren und durch eine unsichtbare Hand geleitet werden. Dadurch bleiben Märkte frei von staatlichen Eingriffen. Die unsichtbare Hand bringt jeden Einzelnen durch rationale Überlegungen dazu, seine wirtschaftlichen Bedürfnisse bestmöglich zu befriedigen, um dadurch unbewusst das Wohl der Allgemeinheit zu fördern.[82] Im 19. Jahrhundert folgte die psychologische Forschung von Hermann Ebbinghaus. Er zeigte bezüglich des Lernens und dem Gedächtnis, dass Erinnerungen unterschiedliche Zyklen haben. Erinnerungen mit langen Lebenszyklen bleiben im Gedächtnis gespeichert, da sie gegen mögliche Schäden gestärkt werden.[83] Die neoklassische Ökonomie löste im 20. Jahrhundert die klassische Nationalökonomie ab. Die ersten wissenschaftlichen Erkenntnisse zu den Entscheidungstheorien erfolgten im Jahre 1900 durch Louis Bachelier. Dieser zeigte, dass Kursbewegungen durch reine Zufallsprozesse statische Eigenschaften aufweisen. Im Laufe der Zeit entwickelten sich aufgrund der Weltwirtschaftskrise 1929 weitere Entscheidungstheorien. Alfred Cowles beschäftigte sich aufgrund des großen Marktcrash erstmals mit der Vorhersagbarkeit von Aktienkursen. Durch die Gründung der Cowles Foundation sollten die wissenschaftlichen Kapitalmarktforschungen weiter unterstützt werden. Hierbei veröffentlichte 1952 Harry Max Markowitz seinen wissenschaftlichen Artikel mit dem Namen Portfolio Selection als Meilenstein der neoklassischen Kapitalmarkttheorie. Die Portfoliotheorie stellt ein klares Konzept für ein effizientes Portfolio dar. Ein weiterer Meilenstein wurde durch William Sharpe, John Lintner und durch den Wirtschaftswissenschaftler Jan Mossin aufbauend auf die Portfoliotheorie entwickelt. Diese entwickelten in den 1960er Jahren unabhängig voneinander das

---

[81] Vgl. Daxhammer, R./Facsar, M. (2017), S. 20 f.

[82] Vgl. Suntum, U. (2005), S. 3-7.

[83] Vgl. ebenda, S. 20 f.

Capital Asset Pricing Modell (CAPM). Außerdem wurde in den 1960er Jahren die Effizienzmarkthypothese durch Eugene Fama und Paul Samuelson entwickelt. Diese basiert auf den Erkenntnissen von Louis Bachelier und ist eine Weiterentwicklung der Theorie effizienter Märkte. Als ein alternatives Bewertungsmodell wurde 1976 die Arbitrage Pricing Theorie (APT) von Stephen Ross entwickelt.[84]

Die Theorie der neoklassischen Kapitalmarkttheorie lässt das psychologische Marktverhalten unberücksichtigt und der Homo Oeconomicus steht hier mit seinem rationalen Verhalten an zentraler Stelle. Der rationale Investor wird in Kapitel 3.2 näher dargestellt. In der Kapitalmarkttheorie geht es mit Hilfe der entsprechenden Modelle um die Untersuchung der Zusammenhänge zwischen erwarteten Renditen und Risiken bei der Marktpreisbildung der risikobehafteten Wertpapiere, wie z.B. Aktien. Die zukünftigen Renditen sind grundsätzlich bei einer Entscheidungsfindung einer Anlage unbekannt und demzufolge unsicher. Daher ist vorab eine Annahme über die möglichen zu erreichenden Renditen zu treffen, welche im Nachhinein mit den tatsächlich erreichten Renditen übereinstimmen müssen. Hierfür gilt die Portfoliotheorie als Ausgangsmodell, welches nachfolgend näher erläutert wird.[85]

Das Modell Portfolio Selection wurde 1952 durch Harry Max Markowitz entwickelt. Markowitz erkannte bereits als Doktorand, dass der Anleger das entsprechende Risiko der erwarteten Rendite eines Wertpapiers zu berücksichtigen hat. Er führte den Zwei-Parameter-Ansatz beziehungsweise den Zwei-Aktien-Fall ein. Dieser beschreibt durch den Erwartungswert und die Standardabweichung die zukünftig zu erwartende Rendite von Kapitalanlagen. Außerdem gibt der Zwei-Parameter-Ansatz an, dass bei Bildung eines Portfolios das Risiko im Vergleich zu Anlagen in Einzelwertpapiere reduziert wird. Daher werden bei Betrachtung der Wertpapiere nur die erwartete Rendite μ und das Risiko σ berücksichtigt. Durch die Einführung der zweidimensionalen Ansicht löste er die eindimensionale Betrachtungsweise ab. Unter der Berücksichtigung der Renditekorrelationen der Wertpapiere kann der Anleger mit Hilfe dieser Theorie sich zwischen den Alternativen, entweder ein gegebenes Risiko mit höchster Rendite oder für eine gegebene Rendite mit

---

[84] Vgl. Günther, S. et al. (2012), S. 19-22.
[85] Vgl. Kiehling, H. (2001), S. 1 f.; Vgl. hierzu auch Gondring, H. (2015), S. 624;
      Vgl. hierzu auch Günther, S. et al. (2012), S. 66 f.

geringstem Risiko, entscheiden.[86] Hierbei wird das Risiko σ als Standardabweichung definiert, welches aus der Wurzel der Varianz berechnet wird. Diese gibt die durchschnittliche Abweichung der Renditen von ihrem Erwartungswert an.[87] Die Portfoliotheorie geht von folgenden fünf Annahmen aus:[88]

- Das Modell unterstellt eine Normalverteilung der erwarteten Renditen. Diese werden als Zufallsgrößen angesehen und unterliegen daher einem stochastischen Zufallsprozess, welches in der Theorie auch als Random Walk bezeichnet wird.

- Zudem besteht ein vollkommener Markt mit beliebiger Teilbarkeit der Wertpapiere. Hierbei werden Reibungsverluste, wie z.B. Steuern, unberücksichtigt gelassen.

- Außerdem nimmt das Modell ein Planungshorizont der Anleger von einer Periode an. Allerdings sind Anleger an einem maximalen Endperiodenvermögen interessiert.

- Eine weitere Annahme ist, dass alle Marktteilnehmer rational und risikoavers handeln. Diese betrachten ausschließlich die möglichen Renditen unter Berücksichtigung der dazugehörigen Risiken der Wertpapiere. Gehen die Marktteilnehmer größere Risiken ein, können sie höhere Renditen erwarten. Sind die Renditen gegeben, wird das Wertpapier mit dem minimalen Risiko ausgewählt.

- Des Weiteren nimmt das Modell für zukünftige Renditen einer Kapitalanlage die Entscheidungsfindung unter Risiko an.

Das Entscheidungsproblem der Portfoliotheorie liegt darin, die Werte der erwarteten Rendite und des Risikos zu ermitteln. Dabei handelt es sich um unbekannte und objektiv beobachtbare Werte. Daher erfolgt im ersten Schritt die Schätzung dieser Werte. Die Schätzung kann der Entscheider durch Nutzung der zur Verfügung stehenden Informationen durchführen, indem er eine subjektive Einschätzung der Werte ableitet. Alternativ besteht für ihn die Möglichkeit, aus einer Stichprobe von vergangenheitsorientierten Renditen den Mittelwert und die Standardabweichung

---

[86] Vgl. Gehrig, B./Zimmermann, H. (1999), S. 39;
     Vgl. hierzu auch Steiner, M./Bruns, C./Stöckl, S. (2017), S. 3 f.
[87] Vgl. Mondello, E. (2017), S. 5.
[88] Vgl. Markowitz, H. (1952), S. 77-91; Vgl. hierzu auch Daxhammer, R./Facsar, M. (2017), S. 48.

der Stichprobe zu berechnen.[89] Wie bereits genannt, weisen Anleger ein risikoaverses Verhalten auf. Demzufolge wählen Anleger ein Minimum-Varianz-Portfolio aus. Diese wird in der Abbildung 3 auf der Seite 22 dargestellt. Diese Portfolios weisen folgende Effizienzkriterien aus einer Kombination von μ und σ auf: Für ein effizientes Portfolio existiert **(1)** kein Portfolio mit einem geringerem Risiko und höherer erwarteten Rendite, **(2)** bei gegebenem Risiko kein Portfolio mit höherer erwarteten Rendite, **(3)** kein anderes Portfolio mit geringerem Risiko bei gegebener Rendite.[90]

Die folgende Abbildung zeigt die Diversifikation der Portfolios durch die drei Wertpapiere A, B und C. Die Hyperbel AB, AC und BC weisen verschiedene Kombinationen der Einzelwerte auf. Der Umhüllungseffekt der Kurve AMC beinhaltet unterschiedliche Kombinationen der Wertpapiere A, B und C in einem Portfolio, die ein Anleger bei seiner Entscheidung berücksichtigen kann. Das Portfolio M trennt die Portfolios in effizient und ineffizient. Die effizienten Portfolios liegen auf der Kurve AM, die ferner als Effizienzkurve bezeichnet wird. Die effizienten Portfolios weisen ein optimales Rendite-Risiko-Austauschverhältnis auf. Diese Erkenntnis zeigt, dass das im Portfolio vorhandene Wertpapier mit dem geringsten Risiko ein höheres Risiko als das Portfolio enthält. Außerdem erzielt das Portfolio einen höher erwarteten Ertrag als das Wertpapier mit dem geringsten Risiko. Der Anleger wird nur diese Portfolios bei seiner Entscheidung berücksichtigen. Ineffiziente Portfolios sind für den Anleger uninteressant und bleiben daher bei der Entscheidungsfindung über Kapitalanlagen unberücksichtigt.[91]

---

[89] Vgl. Günther, S. et al. (2012), S. 28.

[90] Vgl. Daxhammer, R./Facsar, M. (2017), S. 49;
Vgl. hierzu auch Steiner, M./Bruns, C./Stöckl, S. (2017), S. 9.

[91] Vgl. ebenda, S. 49 f.; Vgl. hierzu auch Perridon, L./Steiner, M./Rathgeber, A. (2017), S. 278 f.

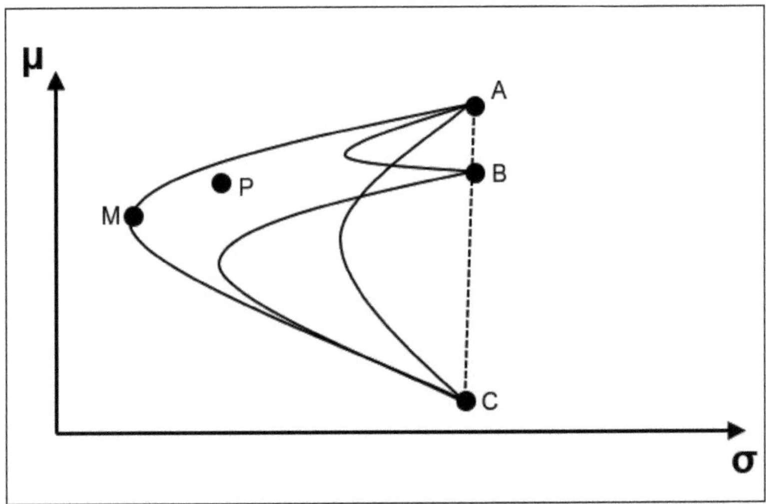

Abb. 3: Risiko-Rendite-Diagramm mit Umhüllungseffekt[92]

Dabei entsteht der Diversifikationseffekt, indem die Wertpapierrenditen sich nicht im vollständigen Gleichlauf bewegen. Dieser führt dazu, dass die Varianz des Portfolios unter das arithmetische Mittel der Einzelwertrisiken sinkt.[93] Die Streuung eines Portfolios in mehrere Wertpapiere ist notwendig, um das Risiko zu reduzieren. Die Entstehung des Diversifikationsvorteils erfolgt durch die Korrelation der betrachteten Wertpapiere und kann mit dem Korrelationskoeffizienten p gemessen werden.[94] Die Wertung der Korrelationskoeffizienten bei Betrachtung von Wertpapieren wird in der folgenden Tabelle vorgenommen:

---

[92] In Anlehnung an: Günther, S. et al. (2012), S. 44.

[93] Vgl. ebenda, S. 31-34.

[94] Vgl. Markowitz, H. (1952), S. 77-91.

p	Wertung des Korrelationskoeffizienten
= 1	Diese korrelieren perfekt positiv. Die Renditen bewegen sich gleichläufig, stehen in einem Zusammenhang (s. Abb. 3 Linie ABC) und sind von denselben systematischen Risiken abhängig. Unsystematische Risiken bestehen nicht.
= 0<p<1	Diese korrelieren positiv. Hierbei sind die Wertpapiere von einer Vielzahl gleichen systematischen und gleichzeitig auch von spezifischen Risiken abhängig. Die Renditen entwickeln sich in die gleiche Richtung.
= 0	Betrachtete Wertpapieranlagen und deren Renditen sind völlig unabhängig voneinander. Die Risikofaktoren haben keinen Zusammenhang.
= -1<p<0	Diese korrelieren negativ. Hierbei sind viele gemeinsame systematische Risikofaktoren vorhanden, die wie die Rendite entgegengesetzt verlaufen.
= -1	Diese Wertpapiere korrelieren perfekt negativ. Sie sind von gleichen systematischen, aber von keinen spezifischen Risiken abhängig. Die Renditen bewegen sich entgegengesetzt.

Tab. 5: Wertung der Korrelationskoeffizienten bei Betrachtung von Wertpapieren[95]

Bei der Diversifikation von Kapitalanlagen werden die Risikofaktoren in systematisch und unsystematisch unterschieden. Das *systematische Risiko* stellt das Marktrisiko von Wertpapieren dar, welches durch breitgestreute Portfolios nicht diversifizierbar ist. Dieses Risiko wirkt sich auf alle Aktien aus und kann eine positive Korrelation der Renditen aufweisen. Jeder Investor geht durch den Erwerb von Kapitalanlageinstrumente dieses Risiko ein. Die Entschädigung erfolgt durch sogenannte Risikoprämien. Im Umkehrschluss zeichnet sich das *unsystematische Risiko*, auch spezifisches Risiko genannt, durch die mögliche Diversifizierung aus. Diese Risiken können durch Auswahl von einem breitgestreuten Portfolio wegdiversifiziert werden. Eine Entschädigung fällt für das unsystematische Risiko nicht an.[96] Wie in der folgenden Abbildung zu sehen ist, lässt sich das unsystematische Risiko eines Portfolios durch die steigende Anzahl von Wertpapieren reduzieren. Das Portfoliogesamtrisiko nähert sich mit steigender Anzahl von Anlagen dem systematischen Risiko an. Die gestrichelte Gerade in Rot zeichnet die durchschnittliche Kovarianz aller Wertpapiere N, also das systematische Risiko, im Portfolio aus. Die blaue Kurve stellt das reduzierbare unsystematische Risiko dar.[97]

---

[95] Eigene Darstellung nach: Daxhammer, R./Facsar, M. (2017), S. 80.

[96] Vgl. Gehrig, B./Zimmermann, H. (1999), S. 46; Vgl. hierzu auch Zimmerer, T. (2006), S. 97 f.; Vgl. hierzu auch Steiner, M./Bruns, C./Stöckl, S. (2017), S. 56-58.

[97] Vgl. Günther, S. et al. (2012), S. 36-43.

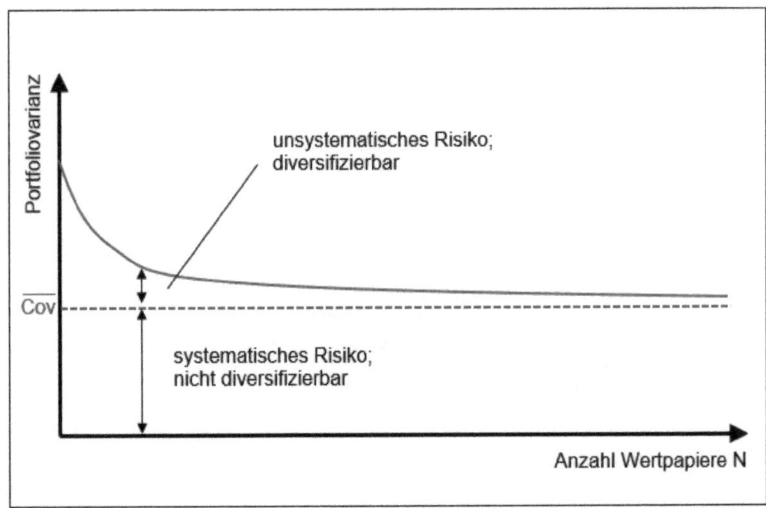

Abb. 4: Portfoliorisiko und Diversifikationseffekt[98]

3.2 Der rationale Investor und die Effizienzmarkthypothese in der Neoklassik

Die Modelle der neoklassischen Kapitalmarkttheorie basieren auf ein besonderes Menschenbild, auf den Homo Oeconomicus. Dieser bildet als ein wirtschaftlich rational denkendes und handelndes Menschenbild die Grundlage der neoklassischen Kapitalmarkttheorie. Bereits im 18. Jahrhundert begründete Adam Smith die Entscheidungsprinzipien des Homo Oeconomicus. Der Homo Oeconomicus stellt ein positives Menschenbild dar und verfolgt das Ziel, sowohl die gesellschaftlichen als auch die wirtschaftlichen Entwicklungen darzulegen.[99] Ein rationaler Investor ist an einer Maximierung des Erwartungswertes beziehungsweise des Erwartungsnutzens interessiert. Daher wird er sich bei möglichen Handlungsalternativen für diejenige entscheiden, die seinen Nutzen maximiert.[100] Das Verhaltensmodell des Homo Oeconomicus wird durch die folgenden Grundsätze beschrieben:[101]

---

[98] In Anlehnung an: Mondello, E. (2017), S. 98.

[99] Vgl. Daxhammer, R./Facsar, M. (2017), S. 26.

[100] Vgl. Goldberg, J./Nitzsch, R. (2015), S. 38-41; Vgl. hierzu auch Wienkamp, H. (2019), S. 90 f.

[101] Vgl. ebenda, S. 26 f.; Vgl. hierzu auch Eckert, S. (2018), S. 36.

- Der Homo Oeconomicus zeigt durch seine rationale Denkweise und durch sein rationales Handeln absolute Eigeninteresse auf. Hierbei steht die Maximierung der eigenen Ziele und Vorstellungen im Vordergrund.

- In diesem Modell bestehen weder Transaktionskosten noch Informationsasymmetrien. Daher ist bei jeder Entscheidung die Nutzung vollständiger Informationen möglich.

- Der Homo Oeconomicus weist die Fähigkeit auf, völlig rational begründete Entscheidungen zu treffen und verfolgt das Ziel der Nutzenmaximierung.

Nach der Entscheidungsfindung hängen die Ergebnisse von unterschiedlichen und unsicheren Umweltzuständen ab. Zum Zeitpunkt der Entscheidungsfindung besteht für den Anleger die Unsicherheit, welcher Umweltzustand eintreten wird. Das Ergebnis einer Entscheidung ist für den Anleger erst sicher, wenn sich ein möglicher Umweltzustand ergeben hat.[102]

Mit dem Erwerb von Wertpapieren ergibt sich für den Anleger die Frage, wie hoch das eingegangene Risiko und die damit verbundenen Renditechancen sind. Aufgrund der Unsicherheit ist die exakte Nutzenabschätzung für den rationalen Investor nicht möglich. Daher ergibt sich der Erwartungswert unter Berücksichtigung von subjektiven Wahrscheinlichkeiten. Über die Multiplikation aller Nutzenwerte der bestimmten Umweltzustände mit ihren Eintrittswahrscheinlichkeiten und anschließender Addition aller Ergebnisse wird der Erwartungswert einer bestimmten Handlungsalternative berechnet. Daher entscheidet sich der Homo Oeconomicus mit seinem streng rationalen Verhalten für die Handlungsalternative, die den höchsten Erwartungswert für ihn bietet und er dadurch seinen Nutzen maximiert.[103]

Die rationale Entscheidungsfindung unter Risiko erfolgt durch das Bernoulli-Prinzip. Dabei erfolgt die Bestimmung des Erwartungswertes mit Hilfe einer Nutzenfunktion. Bei der Nutzenfunktion weist der rationale Investor den Umweltzuständen einer Anlagealternative die Nutzenwerte nach seinen Präferenzen zu.[104] Das Anlegerziel ist hierbei die Maximierung des Endvermögens.[105] Der Verlauf der Nutzenfunktion ist abhängig von der Risikoeinstellung des Investors. In der

---

[102] Vgl. Günther, S. et al. (2012), S. 24 f.
[103] Vgl. Goldberg, J./Nitzsch, R. (2015), S. 38-41.
[104] Vgl. Laux, H./Gillenkirch, R./Schenk-Mathes, H. (2018), S. 130 f.
[105] Vgl. Sharpe, W./Alexander, G./Bailey, J. (1999), S. 141.

neoklassischen Kapitalmarkttheorie wird die Einstellung Risikoscheu beziehungsweise Risikoaversion als Rationalität angesehen. Hierbei entscheidet sich der Anleger für das sichere Ergebnis, welches das geringste Risiko besitzt.[106] Aufgrund der risikoaversen Einstellung des Investors weist die Nutzenfunktion einen abnehmenden Grenznutzen auf. Daher geht die neoklassische Kapitalmarkttheorie, wie in der folgenden Abbildung zu erkennen ist, von einer konkaven Nutzenfunktion aus. Bei dieser Nutzenfunktion sinkt der Grenznutzen mit jedem Vermögenszuwachs.[107]

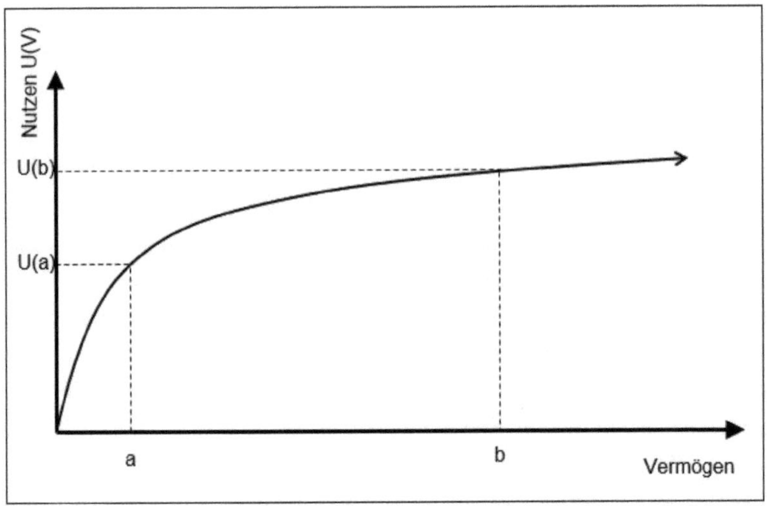

Abb. 5: Nutzenfunktion bei Risikoaversion in der neoklassischen Kapitalmarkttheorie[108]

Die neoklassische Kapitalmarkttheorie beruht auf einem vollkommenen beziehungsweise effizienten Markt. Diese Konzeption beruht auf die efficient market theory nach Eugene Fama und wird auch als Effizienzmarkthypothese bezeichnet. Bereits im 19. Jahrhundert wurden die Wurzeln der Effizienzmarkthypothese durch Louis Bachelier und Jules Regnault erfunden. Allerdings hat der amerikanische Ökonom Eugene Fama ab Mitte der 60er Jahre größtenteils zur Weiterentwicklung dieser Theorie beigetragen. Der Grundgedanke der Effizienzmarkthypothese liegt darin, dass aktuelle Wertpapierpreise zu jeder Zeit alle verfügbaren

---

[106] Vgl. Markowitz, H. (1952), S. 77; Vgl. hierzu auch Gerke, W./Bank, M. (2003), S. 70-74.
[107] Vgl. ebenda, S. 134 f.; Vgl. hierzu auch ebenda, S. 70-74.
[108] In Anlehnung an: Günther, S. et al. (2012), S. 49.

Informationen über diese Wertpapiere widerspiegeln.[109]Eugene Fama formulierte den Grundgedanken der Effizienzmarkthypothese wie folgt: „A market in which prices always "fully reflect" available information is called "efficient.""[110] Folglich ist die Kernaussage dieser Hypothese, dass Marktteilnehmer auf den informationseffizienten Märkten durch die vergangenheitsorientierten Informationen keine zukünftige Entwicklungen vorhersagen können, um eine Überrendite am Markt zu generieren. Notwendige Informationen sind in den Marktpreisen bereits berücksichtigt. Bei einem kurzfristigen Zeithorizont sind Abweichungen zwischen dem Erwartungswert und dem heutigen Kurs möglich. Allerdings ist diese nach der Effizienzmarkthypothese nicht vorhersehbar. Bei einem langfristigen Horizont entspricht die erzielbare Marktrendite immer der Gleichgewichtsrendite des Marktes.[111] Folgende vier Voraussetzungen sind von dem Markt zu erfüllen, damit die Effizienzmarkthypothese nach Eugene Fama gültig ist: [112]

- Am Markt besteht vollkommene Konkurrenz. Daher sind alle Marktakteure gleichzeitig Preisnehmer.

- Die Marktpreise werden nicht durch Transaktionskosten, Informationskosten und Steuer beeinflusst.

- Die Marktinformationen sind gleichmäßig verteilt. Daher stehen die Informationen allen Marktteilnehmern zum gleichen Zeitpunkt zur Verfügung.

- Die Charakteristik der Marktteilnehmer ist durch rationale und homogene Erwartungen geprägt.

In effizienten Märkten wird dem Kapital der Investoren durch die Signale der Wertpapierpreise die bestmögliche Verwendung ermöglicht. Diese wird in der Literatur als Lenkungsfunktion bezeichnet. Zur Darstellung eines allokationseffizienten Marktes gelten folgende drei Bedingungen: operationale Effizienz, Informationseffizienz und Bewertungseffizienz. Dabei gelten die ersten zwei Bedingungen als notwendige, aber nicht als eine hinreichende Bedingung für einen Markt mit bewertungseffizient.[113]

---

[109] Vgl. Kommer, G. (2015), S. 38-41.
[110] Fama, E. (1970), S. 383.
[111] Vgl. Gaab, W. (1983), S. 45.
[112] Vgl. Bräutigam, C. (2004), S. 121.
[113] Vgl. Günther, S. et al. (2012), S. 85.

Bei der *operationalen Effizienz* ist die Verzerrung der Marktpreise, z.B. durch Transaktionskosten, zu vermeiden. Denn diese sind in der Realität von den Marktteilnehmern zu tragen. Daher schränken Kosten die Handelsbereitschaft der Anleger ein und beeinflussen die Qualität der Marktpreise negativ. Zur Gewährleistung dieser Effizienz sind folgende drei Bedingungen notwendig: Die erste Bedingung ist, dass die Organisation des Marktes für ausreichende Liquidität zu sorgen hat. Außerdem sollte der Markt die Transaktionskosten minimieren. Die dritte Bedingung ist, dass die gesetzlichen Rahmenbedingungen, die z.B. den Schutz der Marktteilnehmer vor negativen Beeinträchtigungen der Insidergeschäften gewährleisten, zu erfüllen sind. Folglich wird die operationale Effizienz durch die Minimierung oder idealerweise durch das Verschwinden der Transaktionskosten und die Erfüllung und Umsetzung der gesetzlichen Rahmenbedingungen erreicht.[114]

Die *Informationseffizienz* gilt als weitere notwendige Bedingung. Die Kernaussage der Effizienzmarkthypothese, die bereits zu Beginn des Kapitels dargestellt wurde, beschreibt einen informationseffizienten Markt. Ein entsprechender Informationsvorsprung kann einem Anleger einen höheren Gewinn ermöglichen. Durch die Informationseffizienz ist ein Informationsvorsprung des einzelnen Marktteilnehmers nicht möglich. Die Diskussionen über die effizienten Märkte sind oft auf die Informationseffizienz beschränkt. Diese basieren auf dem Drei-Stufen-Konzept von Eugene Fama. Er unterscheidet die Informationseffizienz in drei Stufen. Hierbei wird zwischen der schwachen Form, der mittelstrengen Form und der strengen Form der Informationseffizienz unterschieden.[115] Diese drei Formen stehen in einer hierarchischen Beziehung. Die hierarchische Beziehung besagt, dass die jeweils höhere Informationseffizienzstufe die niedrigere/-n Stufe(-n) dieser drei Stufen miteinschließt.[116] Der Zusammenhang zwischen den drei Informationseffizienzstufen ist in der folgenden Abbildung dargestellt:

---

[114] Vgl. Daxhammer, R./Facsar, M. (2017), S. 43 f.

[115] Vgl. Günther, S. et al. (2012), S. 88.

[116] Vgl. Steiner, M./Bruns, C./Stöckl, S. (2017), S. 42.

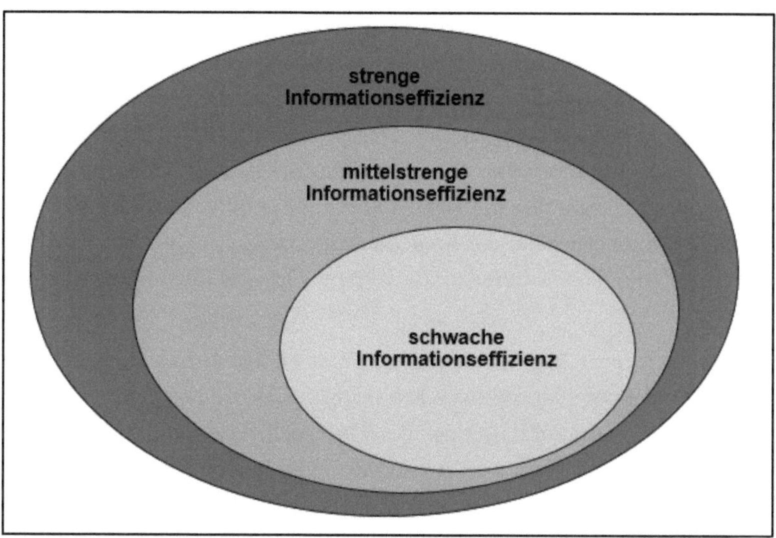

Abb. 6: Hierarchische Beziehung der drei Stufen der Informationseffizienz[117]

Die <u>schwache Form der Informationseffizienz</u> zeichnet einen Markt aus, in dem sämtliche Informationen der vergangenheitsorientierten Marktpreise in den heutigen Marktpreisen vollständig enthalten sind. Daher sind bei dieser Stufe der Informationseffizient keine Vorhersagen der Marktpreise durch vergangenheitsbasierte Informationen möglich. Ein Markt gilt als <u>mittelstreng informationseffizient</u>, wenn sich alle anderen, öffentlich verfügbaren Informationen in den Marktpreisen der Wertpapiere widerspiegeln. Folglich können in diesen Märkten mit Hilfe der öffentlichen Informationen über Fundamentaldaten, wie z.B. Jahresabschlüsse oder Medienberichte, keinerlei Informationsvorsprünge und Überrenditen erreicht werden. Auf einem Markt gilt die <u>strenge Informationseffizienz</u>, wenn in den Wertpapierpreisen, zusätzlich zu den Vergangenheitspreisen und zu den öffentlichen Informationen, die sogenannten nicht öffentlichen Informationen enthalten sind. Nicht öffentliche Informationen sind private Informationen, die nur den Insidern bekannt sind. Allerdings können bei dieser Stufe von Informationseffizienz nicht einmal die Insider aus den Informationsvorsprüngen eine Überrendite erreichen.[118] Nach der strengen Informationseffizienz dürften Markteilnehmer keine

---

[117] In Anlehnung an: ebenda, S. 42.
[118] Vgl. Daxhammer, R./Facsar, M. (2017), S. 41-43;
Vgl. hierzu auch Steiner, M./Bruns, C./Stöckl, S. (2017), S. 41.

Anreize zur Sammlung und Auswertung von Informationen aufweisen, da sämtliche Informationen unverzüglich in den Marktpreisen berücksichtigt werden. Allerdings stellt sich dann die Frage, wie die Marktpreise alle neuen Informationen unverzüglich berücksichtigen können, wenn Marktteilnehmer keinerlei Informationen sammeln und auswerten. Dieser Widerspruch kann durch die Honorierung der informierten Anleger durch zusätzliche Prämien vermieden werden. Trotz dem genannten Widerspruch hat die Frage der Informationseffizienz des Kapitalmarktes im wissenschaftlichen Bereich alle weiteren Fragen über Effizienzen übertroffen.[119]

Die bereits dargestellten Effizienzen sind notwendige Bedingungen für einen Kapitalmarkt mit *Bewertungseffizienz*. Daher stellt diese in einer Hierarchie die höchste Stufe der Effizienzen dar. Bei der Bewertungseffizienz geht es nicht nur darum, dass die Marktpreise neue Informationen ohne Reibungsverluste und zügig aufnehmen. Hierbei müssen neue Informationen auch richtig verarbeitet werden, damit die Marktpreise die Lenkungsfunktion für das Kapital der Anleger übernehmen können. Demnach müssen die Marktpreise die fundamentalen Unternehmenswerte unverzerrt widerspiegeln. Die Bewertung von unterschiedlichen Anlagen kann mit Hilfe der Modellen CAPM und APT erfolgen.[120] Diese werden im folgenden Kapitel vorgestellt.

3.3 Neoklassische Kapitalmarktmodelle und vorherrschende Kritik an der Theorie

Das CAPM ist ein Modell der neoklassischen Kapitalmarkttheorie. Das Modell wurde von William Sharpe, John Lintner und Jan Mossin aufbauend auf die Portfoliotheorie entwickelt. Alle drei Wirtschaftswissenschaftler entwickelten das Modell unabhängig voneinander. Der Grundgedanke des CAPM liegt darin, Einzelwertrisiken zu quantifizieren und zu bewerten. Das CAPM basiert auf den Annahmen der Portfoliotheorie.[121] Zudem wurden diese um Folgende erweitert: Alle Marktteilnehmer halten effiziente Portfolios nach der Theorie der Portfolio Selection und der Markt befindet sich im Gleichgewicht, sodass ein einheitlicher Preis für das

---

[119] Vgl. Günther, S. et al. (2012), S. 87.

[120] Vgl. ebenda, S. 44.

[121] Vgl. Daxhammer, R./Facsar, M. (2017), S. 54.

Risiko gilt.[122] Das CAPM beschreibt die erwarteten Renditen der risikobehafteten Einzelwerte im Marktportfolio und nimmt folglich folgende fünf Annahmen an:[123]

- Es besteht ein vollkommener Kapitalmarkt ohne Steuer und Transaktionskosten.

- Eine weitere Annahme ist, dass Anleger vollständige und homogene Erwartungen besitzen. Daher werden alle Anlagealternativen in den Entscheidungskalkülen der Anleger berücksichtigt. Die Erwartungswerte und Varianzen werden gleich eingeschätzt.

- Zudem gilt, dass Marktteilnehmer im gleichen Maß informiert sind. Demnach kann ein Marktteilnehmer gegenüber dem anderen Marktteilnehmer keine Informationsvorsprünge aufweisen.

- Im Weiteren wird impliziert, dass eine risikolose Anlage existiert. Demzufolge können Anleger zu einem risikolosen Zinssatz unbegrenzt Kapital aufnehmen oder anlegen.

- Anleger besitzen eine lineare Mischung aus risikoloser Anlage und Marktportfolio.

In der folgenden Abbildung werden die Kapitalmarktlinie und die Wertpapierlinie nebeneinander dargestellt. Die Unterscheidung der Linien wird nachfolgend näher erläutert:

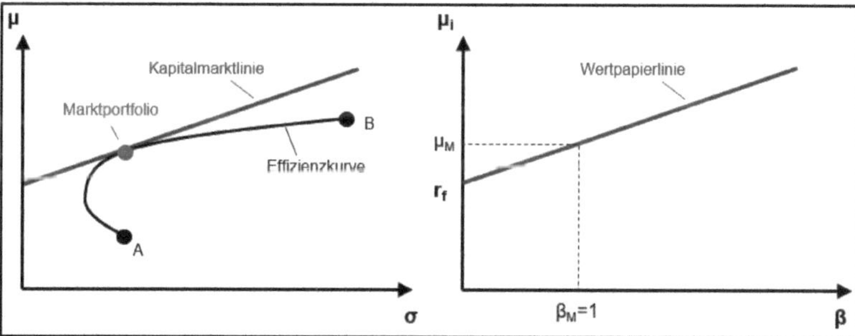

Abb. 7: Kapitalmarktlinie und Wertpapierlinie im Vergleich[124]

---

[122] Vgl. Fama, E./French, K. (2004), S. 26.

[123] Vgl. Günther, S. et al. (2012), S. 67 f.; Vgl. hierzu auch Mondello, E. (2017), S. 168-170.

[124] In Anlehnung an: Perridon, L./Steiner, M./Rathgeber, A. (2017), S. 291-296.

Das CAPM geht von der Kapitalmarktlinie aus. Die Kapitalmarktlinie stellt unter der Berücksichtigung einer risikolosen Anlagemöglichkeit die effizienten Portfolios in einem Gleichgewicht dar und zeigt demnach die erwartete Rendite-Risiko-Kombination für diese Portfolios auf. Das heißt, die Kapitalmarktlinie gibt das Gesamtrisiko des Portfolios über die Standardabweichung der Rendite an. Die Effizienzkurve stellt die verschiedenen Kombinationen der effizienten Portfolios dar, die die Anleger nach der Portfolio Selection vorziehen. Der Tangentialpunkt der Kapitalmarktlinie mit der Effizienzkurve entspricht dem Marktportfolio. Dieser besteht aus einer Kombination aller risikobehafteten Wertpapiere. Weitere Zusammenstellungen der Wertpapiere sind ineffizient. Der Grund hierfür ist, dass andere Wertpapierkombinationen entweder bei gleichem Risiko eine niedrigere Renditeerwartung oder bei gleicher Rendite ein höheres Risiko enthalten.[125] Mit dem CAPM lässt sich die Rendite eines Wertpapiers i bei Anwendung der folgenden Formel berechnen:[126]

$$\mu_i = r_f + \beta_i \left(\mu_M \times r_f\right) \text{ mit } \beta_i = \frac{cov(r_i; r_M)}{\sigma_M^2}$$

Mit dieser Formel wird das μ_i berechnet. Diese zeigt die Renditeerwartung eines effizienten Wertpapiers. Nach der Formel besteht die erwartete Rendite eines Wertpapiers i aus dem risikolosen Zinssatz r_f addiert mit der Risikoprämie $\beta_i(\mu_M$-$r_f)$. Die Risikoprämie entspricht der Differenz aus der Renditeerwartung des Marktportfolios μ_M und dem risikolosen Zinssatz r_f, multipliziert mit dem Beta-Faktor β_i. Der Beta-Faktor einer Anlage drückt die eingegangenen Kapitalmarktrisiken der Investoren aus und wird auch als Sensitivität des Wertpapiers i bezeichnet. Dieser entspricht dem Quotient aus der Kovarianz der Marktportfoliorendite und des Wertpapiers i $cov(r_i;r_M)$ geteilt durch die Varianz der Marktportfoliorendite σ^2_M und stellt das Wertpapierrisiko von i im Verhältnis zum Portfolio M dar. Der β-Faktor nimmt an, dass das unsystematische Risiko wegdiversifiziert ist und berücksichtigt daher nur das systematische Risiko. Die lineare Beziehung zwischen der geforderten Rendite und dem Beta-Faktor wird zudem durch die Wertpapierlinie, die auf der Seite 29 dargestellt ist, wiedergegeben. Die Renditen einzelner risikobehafteten Wertpapiere im Marktportfolio werden durch die Wertpapierlinie

---

[125] Vgl. Perridon, L./Steiner, M./Rathgeber, A. (2017), S. 291-293;
  Vgl. hierzu auch Gerke, W./Bank, M. (2003), S. 242-246.
[126] Vgl. Söhnholz, D./Rieken, S./Kaiser, D. (2010), S. 78-80.

beschrieben. Im Vergleich zu der Standardabweichung kann der Beta-Faktor auch negativ sein.[127] Eine risikolose Anlage weist ein Beta von 0 auf, da die Kovarianz mit dem Portfolio M = 0 ist. Wie aus der Abbildung 7 zu erkennen ist, ist der Beta-Faktor des Marktportfolios = 1. Die Kovarianz des Marktportfolios mit sich selbst entspricht der Varianz des Marktportfolios. Daher gilt: β_M = VAR(μ_M)/VAR(μ_M) = 1.[128]

Alternativ zum CAPM wurde 1976 die Arbitrage Pricing Theory von Stephen A. Ross entwickelt. Die Kernaufgabe dieses Modells ist wie beim CAPM, die Bewertung der risikobehafteten Anlagen im Kapitalmarkt. Allerdings geht dieses Modell davon aus, dass die Renditen der Wertpapiere nicht nur von einem, sondern von mehreren systematischen Risikofaktoren abhängig sind. Daher ist diese ein Mehrfaktorenmodell.[129] Die APT basiert auf der Arbitragefreiheit auf dem Markt. Hierbei bietet der Kapitalmarkt nach Ausnutzung möglicher Arbitragen, das heißt nach Ausnutzung von möglichen Kurs- oder Preisunterschiede auf dem Markt beziehungsweise nach Ausnutzung von Marktungleichgewichten, keine weiteren risikolosen Renditemöglichkeiten.[130] Die Theorie beruht auf die folgenden zwei Annahmen:[131]

- Arbitragemöglichkeiten werden bei der Kapitalanlage durch ein risikoaverses Verhalten der Marktteilnehmer ausgenutzt.

- Zudem nimmt die APT an, dass alle Marktteilnehmer als Preisnehmer auf einem vollkommenen Markt agieren.

Die erwartete Rendite eines Wertpapiers i kann mit Hilfe der folgenden Formel des Mehrfaktorenmodels berechnet werden:[132]

$$R_{i,t} = \alpha_i + \beta_{i,1} \times F_{1,t} + \beta_{i,2} \times F_{2,t} + \cdots + \beta_{i,K} \times F_{2,K} + \varepsilon_{i,t}$$

Dabei gilt α_i als risikolose Erfolgskomponente und $\varepsilon_{i,t}$ stellt die unsystematischen Risiken, das heißt die diversifizierbaren Risiken eines Wertpapiers i dar. Im Vergleich zum CAPM werden bei diesem Modell die systematischen Risikofaktoren

---

[127] Vgl. Daxhammer, R./Facsar, M. (2017), S. 57; Vgl. hierzu auch Hagemeister, M. (2010), S. 140; Vgl. hierzu auch ebenda, S. 242-246.

[128] Vgl. ebenda, S. 293-296.

[129] Vgl. Franke, G./Hax, H. (2009), S. 397.

[130] Vgl. Daxhammer, R./Facsar, M. (2017), S. 59.

[131] Vgl. Steiner, M./Bruns, C./Stöckl, S. (2017), S. 30-33.

[132] Vgl. Günther, S. et al. (2012), S. 78.

nicht nur mit dem Beta-Faktor angegeben. Hierbei hängt die Rendite eines Wertpapiers i von mehreren Risikofaktoren ab, die separat als F_j (j=1, ..., K) gekennzeichnet sind. Diese werden als mikro- und makroökonomische Risikofaktoren bezeichnet. Die Theorie gibt dabei keine konkrete Auskunft, um welche Risikofaktoren es sich im Inhalt handelt. Es geht nur hervor, dass diese systematischen Risikofaktoren sind und daher nicht diversifiziert werden können. Allerdings können als mikro-ökonomische Faktoren beispielweise die Unternehmensgröße, die Dividendenrendite oder der Verschulungsgrad eines Unternehmens denkbar sein. Makroökonomische Faktoren können beispielweise die Inflations- und Zinsentwicklung, der Ölpreis oder die Konjunkturentwicklung sein.[133]

Die aufgezeigten Modelle werden zur Beurteilung der Wertpapiere genutzt. Diese nehmen Annahmen über beispielsweise Anlegerverhalten an und sagen über die Vorteilhaftigkeit des Kaufs oder der Veräußerung von Wertpapieren aus. Allerdings ist die Zielsetzung der Finanzmarktforschung, neben diesen Aussagen, die Beweggründe für das Anlegerverhalten zu erkennen. Hierzu wird die Fundamentalanalyse und die Technische Analyse angewandt. Die *Fundamentalanalyse* gilt als älteste Art der Finanzmarktforschung und ermöglicht durch Berücksichtigung von Unternehmenskennziffern, insbesondere die wirtschaftliche Situation eines Unternehmens zu bewerten. Diese Analyse hat die Aufgabe, die Ursache steigender beziehungsweise fallender Aktienkurse darzustellen.[134] Die fundamentale Wertpapieranalyse verfolgt das Ziel, den inneren Wert, auch fairen Wert genannt, einer Aktie zu bestimmen. Dieser wird mit dem Börsenkurs der Aktie verglichen und bewertet, um zu erkennen, ob die Aktie unterbewertet, überbewertet oder fair bewertet ist. Folglich führt die Bewertung der Aktie zu Handlungsempfehlungen für Anleger. Liegt der Börsenkurs beispielsweise unter dem inneren Wert, so gilt das Wertpapier als unterbewertet und sollte gekauft werden. Liegt jedoch der innere Wert einer Aktie unter dem Börsenkurs, so gilt die Aktie als überbewertet und sollte daher verkauft werden.[135] Der innere Wert ist die Summe aller diskontierten zukünftigen Zahlungen beziehungsweise Cashflows, die einem Aktionär zufließen. Hierzu gehören unter anderem die Dividendenzahlungen.[136] Die quantitativen Unternehmensanalysen beruhen insbesondere auf Daten aus Jahresabschlüssen, auf aus

---

[133] Vgl. ebenda, S. 78; Vgl. hierzu auch ebenda, S. 31-35.

[134] Vgl. Daxhammer, R./Facsar, M. (2017), S. 61 f.

[135] Vgl. Schriek, R. (2009), S. 19.

[136] Vgl. Leven, F./Schlienkamp, C. (1998), S. 167.

medialen Berichten entnommenen Daten und auf in Hauptversammlungen bekannt gegebenen Informationen. Unter Berücksichtigung dieser Daten können Anleger bestimmte Kennzahlen, wie z.B. das Kurs-Gewinn-Verhältnis, berechnen. Das Kurs-Gewinn-Verhältnis ergibt sich aus dem Quotienten des Aktienkurses und dem prognostizierten Gewinn je Aktie. Dabei wird der Marktwert der Aktiengesellschaft mit dem prognostizierten Gewinn verglichen. Je niedriger die Kennzahl im Vergleich zu anderen Unternehmen der gleichen Branchen ist, desto positiver wird die Aktie eingeschätzt. Der Grund hierfür liegt darin, dass der Anleger weniger für einen bestimmten Gewinn aufwenden muss.[137]

Im Gegensatz zur Fundamentalanalyse untersucht die *Technische Analyse* nicht die wirtschaftliche Situation eines Unternehmens. Sie setzt voraus, dass alle Fundamentaldaten im Wertpapierkurs enthalten sind und versucht mit Hilfe von Charts aus den historischen Kurs- und Indexverläufen zukünftige Kursentwicklungen zu prognostizieren.[138] Daher interessieren sich Anleger, die diese Analyseform anwenden, allein für die Kursentwicklungen der Vergangenheit. Die Technische Analyse wird insbesondere von Privatanlegern genutzt, da diese im Vergleich zur Fundamentalanalyse nicht zu zeit- und kostenintensiv ist. Anleger bestimmen mit Hilfe der technischen Analyse, zu welchem Zeitpunkt eine Investition in ein bestimmtes Wertpapier erfolgen sollte.[139] Diese Analyseform besitzt daher folgende drei Annahmen: **(1)** die Wertpapierkurse beinhalten bereits alle Informationen, **(2)** die Wertpapierkurse verlaufen in typischen Diagramm-Mustern, sogenannte Trends und **(3)** die historischen Wertpapierkurse wiederholen sich.[140] Demzufolge basiert die technische Analyse auf dem sogenannten Herdenverhalten der Behavioral Finance, welches in Kapitel 4.2 näher erläutert wird. Der Grund hierfür ist, dass die Charts die Summe des menschlichen Verhaltens abbilden und dadurch sich der beste Zeitpunkt zum Kauf oder Verkauf eines Wertpapiers bestimmen lässt. Infolgedessen agieren und reagieren Anleger in vergleichbaren Situationen ähnlich.[141] Daher sind nach dem Ökonom und Nobelpreisträger Robert Shiller und nach anderen US-Ökonomen nur ein Fünftel der Bewegungen der Wertpapierkurse durch die

---

137 Vgl. ebenda, S. 62 f.
138 Vgl. ebenda, S. 19.
139 Vgl. Daxhammer, R./Facsar, M. (2017), S. 67 f.
140 Vgl. Leven, F./Schlienkamp, C. (1998), S. 201.
141 Vgl. Schriek, R. (2009), S. 20.

fundamentale und technische Analyse erklärbar. Der restliche Anteil wird durch psychologische Faktoren der Anleger bestimmt.[142]

Demzufolge wird das Konzept des Homo Oeconomicus, welches als streng rationales Menschenbild der neoklassischen Kapitalmarkttheorie angenommen wird, aufgrund seiner realitätsferne kritisch hinterfragt. Marktteilnehmer weisen infolge der Emotionalität neben der rationalen Nutzenmaximierung weitere Handlungsmotive, wie beispielsweise Neid, Wohlbefinden oder auch Missgunst, auf.[143] Folglich verhalten sich die Marktteilnehmer unterschiedlich. Die wesentlichen Gründe dafür sind, dass ihre Mentalität, ihre Risikoneigung und ihre Motive verschieden sein können. Viele Anleger beabsichtigen zwar sich rational zu verhalten, allerdings verursachen sie Fehler und daher erfolgt die Entscheidungsfindung nicht optimal.[144] Außerdem betrachten und bewerten Marktteilnehmer die möglichen Alternativen nur gelegentlich anhand objektiver Kriterien.[145] Zudem zeigen empirische Erkenntnisse, dass Kapitalmarktbewegungen nicht allein durch die Modelle der neoklassischen Kapitalmarkttheorie aufgezeigt werden können. Daher wird an der Grundannahme der neoklassischen Kapitalmarkttheorie einer Normalverteilung selbst durch Eugene Fama und Harry Markowitz gezweifelt. Beide Wirtschaftswissenschaftler erkennen, dass die Normalverteilung nicht immer anwendbar ist. Daher ergänzt die Behavioral Finance die normative Entscheidungstheorie um die deskriptive Entscheidungstheorie, damit die tatsächlichen Verhaltensmodelle der Anleger beobachtet werden können.[146]

---

142 Vgl. Leugermann, P. (2018), S. 28 f.

143 Vgl. Stock, C./Goldberg, J. (2013), S. 24 f.

144 Vgl. Goldberg, J./Nitzsch, R. (2015), S. 24 f.

145 Vgl. Wahren, H. (2009), S. 71.

146 Vgl. Kahneman, D. (2011), S. 127 f.; Vgl. hierzu auch ebenda, S. 80.

4 Behavioral Finance als Erklärungsansatz des irrationalen Anlegerverhaltens

4.1 Entstehung und Zielsetzung der Behavioral Finance

Bereits in den 1960er-Jahren entwickelte sich die Verhaltensökonomik, die auch als Behavioral Economics bezeichnet wird. Diese gilt als ein Teilgebiet der Wirtschaftswissenschaften. Die Verhaltensökonomik baut in das Menschenbild zusätzliche naturwissenschaftliche und psychologische Faktoren ein, die in der neoklassischen Kapitalmarkttheorie nicht berücksichtigt werden. Diese Ökonomik untersucht daher Verhaltensmodelle der Marktteilnehmer, die mit dem Homo Oeconomicus der Neoklassik nicht gleichgültig sind. Als ein Teilgebiet der Behavioral Economics entwickelte sich in den 1970er-Jahren die verhaltensorientierte Kapitalmarkttheorie, die als Behavioral Finance bezeichnet wird. Diese Richtung ist nun bereits eine eigenständige Forschungsrichtung der Finanzwissenschaften. Die Behavioral Finance untersucht das finanzielle Verhalten der Anleger. Diese erfolgt unter Berücksichtigung der menschlichen Verhaltensweisen in Bezug auf die Informationsaufnahme und -verarbeitung.[147] Bei dieser Theorie wird geprüft, welche Motive zu unterschiedlichen Informationsbewertungen und infolgedessen zu unterschiedlichen Entscheidungen der Anleger führen. Die neue Forschungsrichtung nutzt diese Erkenntnisse, um zukünftige Verhaltensweisen von Marktteilnehmern zu prognostizieren.[148]

Die Behavioral Finance basiert auf der Erkenntnis der begrenzten Rationalität des Sozialwissenschaftlers Herbert Simon mit seiner Theorie Bounded Rationality. Nach Simon weisen Marktteilnehmer nur ein beschränkt rationales Verhalten auf.[149] Auf diese hat er in seiner Schrift Administrative Behavior aus dem Jahr 1960 hingewiesen. Er ging bei seiner Theorie von folgender Annahme aus: Menschen betrachten bei der Entscheidungsfindung nur einen kleinen Teil der Realität, da die Kapazitäten für die Informationsaufnahme und Informationsverarbeitung relativ eingeschränkt sind.[150] Außerdem besitzen Marktteilnehmer oft keine Möglichkeit, um für die Entscheidungsfindung alle notwendigen Informationen zu erhalten

---

[147] Vgl. Schriek, R. (2009), S. 24 f.; Vgl. hierzu auch Stock, C./Goldberg, J. (2013), S. 29.

[148] Vgl. Daxhammer, R./Facsar, M. (2017), S. 24.

[149] Vgl. ebenda, S. 80; Vgl. hierzu auch Pelzmann, L. (2012), S. 9.

[150] Vgl. Beck, N. (2001), S. 18 f.

beziehungsweise diese zu sammeln. Hinzu kommt, dass private Anleger die notwendigen Informationen nicht sofort, sondern zu einem späteren Zeitpunkt erhalten. Eine weitere Fehlerquelle bei der Entscheidungsfindung ist, dass Anleger komplexe Entscheidungsfindungen nicht optimal treffen können. Der wesentliche Grund hierfür sind die beschränkt kognitiven Informationsverarbeitungsfähigkeiten der Marktteilnehmer.[151] Dieter Frey und Anne Gaska definierten 1998 die Kognitionen wie folgt: Unter Kognitionen werden Bewusstseinsprozesse wie Erkenntnisse, Hoffnungen, Meinungen, Erwartungen und Gedächtnisinhalte verstanden. Diese stellen alle gedanklichen Faktoren eines Individuums dar, die er über sich selbst und seine Umwelt fühlen kann.[152] Daher können Anleger in diesen beziehungsweise auch anderen Situationen, wie z.B. wegen dem Information Overload, unter psychischem Stress leiden. Demzufolge streben diese bei der Entscheidungsfindung nicht nach einer maximalen, sondern nach einer zufriedenstellenden Lösung.[153] Bei dem *Information Overload* ist das Angebot der zur Verfügung stehenden Informationen viel zu groß, sodass Anleger die Entscheidung auf Grundlage einer verringerten Informationsqualität treffen. Daher sorgt ein zu großes Informationsangebot, neben dem Stressfaktor, zur Verminderung der Fähigkeiten der Marktteilnehmer die notwendigen Informationen zu priorisieren. Außerdem wird die Erinnerung an bereits verfügbare Informationen im Gedächtnis erschwert.[154]

Daniel Kahneman und Amos Tversky zeigen in deren Arbeiten aus den 1970er-Jahren zwei wesentliche Erkenntnisse, die zur Entstehung der psychologischen Betrachtung von Kapitalmarktteilnehmern beigetragen haben. Im ersten Schritt zeigen sie, dass Marktteilnehmer bewusst und unbewusst Faustregeln, sogenannte Heuristiken nutzen, um Entscheidungen unter Unsicherheit zu treffen und unsichere Quantitätswerte zu schätzen.[155] Heuristiken werden als verbesserte Problemlösungen genutzt. Der Grundgedanke liegt darin, dass Menschen bei der Entscheidungsfindung die Schätzung der Eintrittswahrscheinlichkeiten nach der neoklassischen Kapitalmarkttheorie nicht konkret berechnen, sondern hierbei zu vereinfachten Faustregeln zurückgreifen.[156] Nach den Untersuchungen von

---

[151] Vgl. Wahren, H. (2009), S. 66.

[152] Vgl. Goldberg, J./Nitzsch, R. (2015), S. 47;
Vgl. hierzu auch Raab, G./Unger, A./Unger, F. (2016), S. VI.

[153] Vgl. Wahren, H. (2009), S. 66.

[154] Vgl. Daxhammer, R./Facsar, M. (2017), S. 173 f.

[155] Vgl. ebenda, S. 71 f.; Vgl. hierzu auch ebenda, S. 46 f.

[156] Vgl. Beck, H. (2014), S. 25 f.

Kahneman und Tversky sind diese zur Reduzierung der Komplexität von Entscheidungen nützlich. Allerdings führen sie auch zu wiederkehrenden Fehlern bei der Entscheidungsfindung.[157] Außerdem veröffentlichten Kahneman und Tversky im Jahr 1979 einen neuen verhaltensorientierten Ansatz, die Prospekt-Theorie. Die Bezeichnung prospect, welches im Deutschen Erwartung bedeutet, stellt die neue Erwartungstheorie von Marktteilnehmern dar. Diese gilt in der Behavioral Finance als wichtigste deskriptive Entscheidungstheorie und als Basis der Entscheidungsfindung.[158] Die Prospekt-Theorie wird unter Kapitel 4.2 vorgestellt.

Folglich kann die Zielsetzung der Behavioral Finance wie folgt beschrieben werden:[159]

- Mit Hilfe von unterschiedlichen Theorien soll aufgezeigt werden, warum rational denkende Anleger bei Handlungsalternativen oft begrenzt rationale Entscheidungen treffen.

- Erklärung der auf dem Kapitalmarkt tatsächlich beobachtbaren Verhalten der Anleger und Vermeidung wiederkehrender Fehler unter Berücksichtigung der Erkenntnisse aus der Psychologie und der Soziologie.

- Modelle der neoklassischen Kapitalmarkttheorie, die in Kapitel 3 aufgezeigt wurden, sollen an den Schwachstellen mit den gewonnenen Erkenntnissen der Behavioral Finance ergänzt werden. Daher ist diese Theorie nicht als Ersatz, sondern als Ergänzung und Erweiterung der neoklassischen Kapitalmarkttheorie zu sehen.

Demnach werden mit Hilfe von Erkenntnissen der Behavioral Finance emotionale und kognitive Verhaltensmodelle erkannt und untersucht, damit systematisch wiederkehrende Anlagefehler verhindert werden können und komplexe Entschei dungssituationen vereinfacht werden. Dadurch werden Entscheidungsfindungen optimiert.[160] Zur Vereinfachung der Informations- und Entscheidungsprozesse dienen Heuristiken. Allerdings können diese auch die Entscheidungsergebnisse systematisch verzerren. Heuristiken können zu unterschiedlichen Bewertungen und demzufolge zu unterschiedlichen und nicht optimalen Entscheidungsfindungen

---

[157] Vgl. ebenda, S. 71 f.; Vgl. hierzu auch ebenda, S. 46 f.

[158] Vgl. Kahneman, D./Tversky, A. (1979), S. 263-291; Vgl. hierzu auch Gondring, H. (2015), S. 355.

[159] Vgl. Daxhammer, R./Facsar, M. (2017), S. 79 f.; Vgl. hierzu auch Roßbach, P. (2001), S. 10.

[160] Vgl. ebenda, S. 79-81.

und Verhaltensanomalien führen. Die sogenannten Ergebnisverzerrungen werden als Biases bezeichnet.[161] Wenn sich mehrere Anleger ähnlich irrational verhalten und der Kapitalmarkt die Irrationalität nicht ausgleichen kann, führt es dazu, dass sich die Verhaltensanomalien der einzelnen Anleger zu Marktanomalien, welche hier nur zur Abgrenzung genannt werden, entwickeln können. Marktanomalien sind Entwicklungen der Renditen, die sich untersuchen lassen und den Annahmen der Effizienzmarkthypothese widersprechen. Als Beispiel kann hier der Januareffekt genannt werden. Dieser zeigt die mögliche Überrendite zu Jahresbeginn, vor allem in den ersten fünf Handelstagen und bei Wertpapieren von Kleinunternehmen auf. Begründet wird diese Anomalie durch Steuereffekte und den Optimismus der Marktteilnehmer.[162]

Im Rahmen der Entscheidungsfindung von Marktteilnehmern spielt der Informations- und Entscheidungsprozess eine besondere Rolle. Der Informations- und Entscheidungsprozess stellt die gesamte Phase von der Informationsgewinnung bis zur Verarbeitung dar und weist bis zur Entscheidungsfindung drei Prozessphasen auf. Als erstes durchläuft der Anleger die Informationswahrnehmungs- und Informationsverarbeitungsphase. Die dritte Phase ist der Entscheidungsprozess. Die Marktteilnehmer sind während den einzelnen Phasen auf dem Kapitalmarkt neben vielen Informationen auch mit der Komplexität der ungewissen Entscheidungssituationen konfrontiert.[163] Infolgedessen nutzt der Anleger bestimmte Methoden in Form von Heuristiken, um die Komplexität der Entscheidungssituationen und die daraus folgenden Herausforderungen durch Anwendung der bestimmte Verhaltensregeln zu vereinfachen.[164]

Der erste Prozess der Informations- und Entscheidungsphasen ist die *Informationswahrnehmung* der Marktteilnehmer. Während der Informationswahrnehmung registrieren Anleger innere Reize, wie z.B. emotionale Faktoren, und äußere Reize, wie beispielsweise mediale Berichterstattungen. Informationen dienen hierbei zu der Reduktion der Ungewissheit bei Entscheidungssituationen und zur Vorbereitung der Entscheidungen. Die Wahrnehmung von Informationen kann auf einer aktiven oder auf einer passiven Weise erfolgen. Eine aktive Informationswahrnehmung liegt dann vor, wenn der Marktteilnehmer, aufgrund der Komplexität der

---

[161] Vgl. ebenda, S. 169; Vgl. hierzu auch Oehler, A. (2000), S. 980.

[162] Vgl. Mondello, E. (2015), S. 40-46; Vgl. hierzu auch Jacob, M. (2012), S. 117-125.

[163] Vgl. Daxhammer, R./Facsar, M. (2017), S. 169.

[164] Vgl. Schriek, R. (2009), S. 34.

Entscheidungssituation, in externe Quellen nach nützlichen Informationen sucht, wie beispielsweise in Unternehmenspublikationen. Bei nicht komplexen Situationen verwendet der Anleger bereits im Gedächtnis vorhandene Informationen, die als interne Informationsquellen bezeichnet werden. Eine passive Informationswahrnehmung liegt vor, wenn der Marktteilnehmer unabsichtlich, beispielsweise beim Blättern in Zeitschriften, neue Informationen wahrnimmt.[165] Das Gehirn eines Menschen weist eine begrenzte Fähigkeit zur Wahrnehmung von Informationen auf, insbesondere bei komplexen Situationen. Dies hat zur Folge, dass Marktteilnehmer bestimmte Heuristiken anwenden, damit die getroffenen Entscheidungen akzeptabel sind.[166] Nach dem Wahrnehmungsprozess folgt die *Informationsverarbeitungsphase*. Diese besteht aus den Prozessen Informationsverarbeitung und -bewertung, welche nacheinander verlaufen. Allerdings werden sie aufgrund der fehlenden Trennschärfe gemeinsam betrachtet. Das Ziel der zweiten Phase ist, die anstehende Entscheidung vorzubereiten, indem die wahrgenommenen Informationen aus der ersten Phase mit den im Gehirn bereits vorhandenen Informationen zusammengeführt werden. Der entscheidende Unterschied der Eigenschaft des rationalen Investors nach der neoklassischen Kapitalmarkttheorie zum realen Marktteilnehmer wird in dieser Phase verdeutlicht. Der reale Marktteilnehmer charakterisiert die Eigenschaft einer beschränkten Kapazität des Gehirns zur Verarbeitung von Informationen. Daher kann dieser nicht alle vorhandenen Informationen gleichzeitig wahrnehmen und verarbeiten.[167] Folglich verlaufen die Prozesse Wahrnehmung und Verarbeitung von neuen Informationen systematisch in einem Wechsel. Anschließend erfolgt die Bewertung der wahrgenommenen Informationen aus dem Kurzzeit- als auch aus dem Langzeitgedächtnis. Diese führt abschließend zu einer Entscheidungsfindung des Anlegers.[168] In den Informations- und Entscheidungsphasen können folgende ausgewählte Heuristiken angewandt werden:

---

[165] Vgl. ebenda, S. 171.

[166] Vgl. Goldberg, J./Nitzsch, R. (2015), S. 49 f.

[167] Vgl. ebenda, S. 175-177.

[168] Vgl. Daxhammer, R./Facsar, M. (2017), S. 175-177.

Informationswahr-neh-mungsprozess	Informationsver-arbei-tungsprozess	Entscheidungs-prozess
• Verfügbarkeitsheuristik • Risikowahrnehmung • Selektive Informationswahrnehmung • Darstellungseffekt • Herdenverhalten	• Ankerheuristik • Repräsentativitätsheuristik • Selbstüberschätzung • Kontrollillusion • Ambiguitätsaversion • Prospekt-Theorie • Verlustaversion • Mentale Buchführung	• Selektives Entscheiden • Selbstzuschreibung • Rückschau-Effekt • Besitztums-Effekt/ Status Quo Bias • Optimismus-Effekt • Dispositionseffekt • Selbstkontroll-Effekt • Prioritäten-Verzerrung • Reueaversion

Tab. 5: Heuristiken in den Informations- und Entscheidungsphasen[169]

Die Heuristiken selektive Informationswahrnehmung und das selektive Entscheiden bilden gemeinsam die Theorie der kognitiven Dissonanz. Diese beschreibt, dass Anleger nach einer getroffenen Entscheidung zwischen zwei Alternativen eine emotionale Dissonanz, das heißt eine emotionale innere Unruhe, verspüren können. Die Dissonanz ist stärker, wenn der Anleger eine Selbstverpflichtung, in der Literatur auch oft als Commitment bezeichnet, aufweist und daher an die Entscheidung emotional gebunden ist. Der Begriff kognitiv stellt wie bereits beschrieben, Bewusstseins- und Wahrnehmungsprozesse dar, wie z.B. Emotionen, Einstellung oder Glauben an einer getroffenen Entscheidung. Anleger empfinden und bewerten die kognitive Dissonanz als unangenehm.[170] Die nicht ausgewählte Alternative weist ebenso positive Eigenschaften auf, wie die ausgewählte Alternative negative Eigenschaften aufweist. Daher versucht der Anleger im Rahmen dieser Theorie lediglich positive Informationen zu beachten und die negativen Informationen nicht zu berücksichtigen. Zur Verringerung oder Vermeidung von möglichen Dissonanzen wenden Anleger diese Heuristiken an.[171] Die Heuristiken werden in Kapitel 4.2 und 4.3 dargestellt.

---

[169] In Anlehnung an: Gondring, H. (2015), S.354 und ebenda, S. 194.
[170] Vgl. Schriek, R. (2009), S. 29-32.
[171] Vgl. ebenda, S. 177 f.

4.2 Heuristiken der Behavioral Finance im Informationsprozess

Die *Verfügbarkeitsheuristik* beschreibt die Neigung, die Gewichtung von Informationen von der geschätzten Eintrittshäufigkeit abhängig zu machen. Hierbei werden Informationen bevorzugt, die einfach zugänglich sind und verfügbare Beispiele, die häufig eingetreten sind.[172] Informationen sind für jeden unterschiedlich verfügbar, da jeder Einzelne andere Gewohnheiten bezüglich der Verwendung von Informationen und unterschiedliche Quellen zur Beschaffung von Informationen besitzt. Folgende werden als reale Verfügbarkeit bezeichnet: Auf der einen Seite sind Informationen vorhanden, die für jeden unkompliziert und kostengünstig zugänglich sind, wie z.B. Informationen in den Tageszeitungen.[173] Diese werden aus Effizienzgründen bevorzugt. Für Privatinvestoren können solche Informationen ausreichend sein.[174] Anderseits bestehen auch Informationen, wie z.B. Fundamentaldaten eines Unternehmens, auf die nicht jeder Zugriff hat.[175] Die Beschaffung dieser Informationen ist mit einem hohen Aufwand verbunden. Daher dienen diese nur für besondere Entscheidungen.[176] Für alle Anleger besteht das Risiko, dass Informationen erst verspätet oder gar nicht erkannt werden. Demzufolge sind Anleger nicht vollständig informiert. Diese Defizite werden mit bereits vorhandenen Informationen durch unbewusste Aktivierung der Erinnerungen gedeckt und stellen die sogenannte kognitive Verfügbarkeit dar. Anleger, die in der Vergangenheit bereits von einem bestimmten Ereignis betroffen waren, wie z.B. von einem Börsencrash, können sich an dieses Ereignis erinnern und schätzen die Gefahr höher ein als Anleger, die noch kein Crash miterlebt haben. Folglich wird die Eintrittswahrscheinlichkeit eher überschätzt. Daher handelt es sich bei dieser Heuristik um eine Methode, die Schwierigkeit von Entscheidungen zu vereinfachen, indem schlechte oder nicht verfügbare Informationen nicht beachtet werden.[177]

---

[172] Vgl. Günther, S. et al. (2012), S. 112-115.

[173] Vgl. Schriek, R. (2009), S. 40 f.

[174] Vgl. Goldberg, J./Nitzsch, R. (2015), S. 56.

[175] Vgl. ebenda, S. 40 f.

[176] Vgl. Wahren, H. (2009), S. 176 f.

[177] Vgl. ebenda, S. 57.

Die *Risikowahrnehmung* eines Anlegers ist von den bereits erlebten Gewinnen und Verlusten abhängig und kann sich im Laufe der Zeit ändern. Diese hängt davon ab, ob der Anleger realistische Verluste oder Gewinne erreicht hat und darauf aufbauend weitere Entscheidungen treffen kann.[178] Anleger können die Kapitalanlagerisiken einerseits über das objektive Risiko vornehmen. Diese kann durch Messgrößen, wie z.B. die Volatilität einer Anlage, quantifiziert werden. Allerdings berücksichtigen sie oft das objektive Risiko nicht, sondern schätzen das objektive Risiko subjektiv ein. Die subjektive Wahrnehmung kann erhebliche Abweichungen vorherrufen und ist von der Risikobereitschaft eines Anlegers geprägt.[179]

Durch die subjektiven Bewertungen kann sich die Wahrnehmung und die Risikobereitschaft eines Anlegers ändern. Diese beruhen auf folgenden Phänomenen: Generieren Anleger durch den Verkauf einer Anlage unerwartete Gewinne, die noch nicht als Vermögen gesehen werden, sind sie bereit Risiken einzugehen. Hierbei überschätzt er die Wahrscheinlichkeit für steigende Gewinne und agiert risikofreudig. Als Folge eines unerwarteten Verlustes weigern sich Anleger erneut Risiken einzugehen. Dabei verhalten Anleger sich risikoavers und dadurch werden objektiv hohe Wahrscheinlichkeiten unterschätzt. Als Folge mehrerer Verluste überschätzen Anleger objektiv geringere Wahrscheinlichkeiten und gehen erneute Risiken ein. Infolgedessen kann das Risiko des Gesamtportfolios steigen.[180]

Die *selektive Informationswahrnehmung* beschreibt, dass Anleger unbewusst nur einen Teil der zur Verfügung stehenden Informationen aufnehmen. Hierbei wird die objektive Entscheidungsbeurteilung verhindert, da Anleger zu Informationen neigen, die ihre eigene Meinung und Wünsche bestätigen. Diese werden verstärkt wahrgenommen und übergewichtet. Infolgedessen fühlen sich Anleger in ihrer Entscheidung belegt. Der Grund hierfür ist, dass die Informationswahrnehmung oft subjektiv erfolgt.[181] Informationen können durch die selektive Wahrnehmung systematisch verfälscht werden, welches zu Verzerrungen bei der Entscheidungsfindung führt.[182] Investoren suchen neben unbewusster selektiver Wahrnehmung auch bewusst und gezielt nach Informationen, die ihre Erwartungen bestätigen. Dieses Verhalten wird als Confirmation Bias oder als Bestätigungsneigung

---

[178] Vgl. Daxhammer, R./Facsar, M. (2017), S. 201-203.

[179] Vgl. ebenda, S. 93-101.

[180] Vgl. Daxhammer, R./Facsar, M. (2017), S. 202 f.

[181] Vgl. ebenda, S. 172 f.; Vgl. hierzu auch Wahren, H. (2009), S. 175 f.

[182] Vgl. Schriek, R. (2009), S. 32 f.

bezeichnet.[183] Anleger gewichten diese Informationen stärker und demzufolge wird die vorhandene Einschätzung nicht verändert. Dieses Handeln verhindert das Entstehen von Dissonanz.[184]

Beim *Darstellungseffekt*, auch Framing genannt, steht die Einordnung neuer Informationen mit der Art und dem Umfeld der Wahrnehmung in einem Zusammenhang. Durch die verschiedene Darstellungsweise eines Sachverhalts kann beeinflusst werden, dass Anleger unterschiedliche Entscheidungen treffen.[185] Die Form der Darstellung einer Entscheidungssituation oder der Einschätzung der Renditeentwicklung kann die Investitionsbereitschaft eines Anlegers beeinflussen. Die Risikowahrnehmung kann durch die Darstellungsart von Risiken beeinflusst werden. Anleger können auf kurzfristige Kursbewegungen reagieren und dadurch die Transaktionshäufigkeit des Portfolios erhöhen. Diese wirkt sich aufgrund der Transaktionskosten negativ auf die erreichte Rendite der Anlage aus. Außerdem kann hierbei das Risiko des Portfolios durch die Veränderung der Streuung erhöht werden.[186]

Das *Herdenverhalten* entsteht, indem Anleger sich bei Entscheidungen am Verhalten anderer Marktteilnehmer orientieren und dadurch relevante Informationen vernachlässigen.[187] Die Gründe für den Herdentrieb sind das Streben nach Übereinstimmung der eigenen Meinung mit den Meinungen Anderer, also das Streben nach Konsens. Hierbei analysieren Anleger die Gründe für Meinungsunterschiede und dabei auch die eigene Meinung. Demzufolge führt dies zu einem Abgleich der Meinungen und damit zum gleichen Verhalten.[188] Außerdem kann diese bei Investoren zu einer Schädigung des Portfolios führen, da sie aufgrund der medialen Berichterstattung zu Übergewichtung bestimmter Anlagen im Portfolio neigen. Dadurch wird das Portfolio nicht ausreichend diversifiziert, damit mögliche Verluste einer Anlage durch andere Wertpapiere ausgeglichen werden können.[189]

---

183 Vgl. ebenda, S. 175.

184 Vgl. ebenda, S. 41.

185 Vgl. Goldberg, J./Nitzsch, R. (2015), S. 90-92.

186 Vgl. ebenda, S. 206-208.

187 Vgl. Häusel, H. (2015), S. 85; Vgl. hierzu auch Leugermann, P. (2018), S. 28.

188 Vgl. Wahren, H. (2009), S. 217-220.

189 Vgl. Daxhammer, R./Facsar, M. (2017), S. 210.

Die *Ankerheuristik*, auch Anchoring Effect genannt, zeigt, dass Marktteilnehmer dazu neigen, sich an zufälligen Bezugspunkten, sogenannte Anker, zu orientieren. Diese werden bis zur Entscheidungsfindung unter Berücksichtigung weiterer Informationen modifiziert und können daher zu Fehldeutungen führen.[190] Marktteilnehmer können durch diese Heuristik ihre Erwartungen an die gegenwärtige Marktentwicklung anlehnen und dadurch die Schätzung der Wahrscheinlichkeiten zu stark auf aktuelle Kursbewegungen beziehen. Durch diese Bewertung kann der Anleger enorm risikofreudig oder risikoscheu agieren.[191]

Ein weiteres Verhalten wird durch die *Repräsentativitätsheuristik* aufgezeigt. Erkenntnisse zeigen, dass das Gehirn zur Reduktion von komplexen Informationen Abkürzungen nutzt. Diese unterstützen das Gehirn bei der Informationsverarbeitung, indem eine Entscheidung erfolgt, ohne dass das Gehirn alle Informationen tatsächlich verarbeitet. Daher beschreibt diese Heuristik, dass Anleger in dieser Form die breite Menge von Informationen organisieren und zügig verarbeiten. Folglich können systematische Verzerrungen entstehen, indem das Gehirn bestimmte Objekte mit ähnlichen Besonderheiten zu einer Objektklasse zuordnet.[192] Folglich werden die Informationen auf Basis unzureichender Menge bewertet, die Eintrittswahrscheinlichkeiten überschätzt und dadurch höhere Risiken eingegangen.[193]

Die *Selbstüberschätzung*, auch Overconfidence Bias bezeichnet, stellt die Überschätzung der eigenen Fähigkeiten dar. Anleger überschätzen dabei ihren Wissensstand, ihren Einfluss auf Sachverhalte und folglich ihr Können.[194] Dadurch neigen Anleger zum Glauben, Preisbewegungen auf dem Kapitalmarkt kontrollieren zu können. Sie gehen davon aus, dass sie Fähigkeiten besitzen, den Markt zu schlagen und infolgedessen eine Überrendite zu erreichen.[195] Diese Heuristik führt dazu, dass Anleger die eigenen Analysefähigkeiten zur richtigen Einschätzung lukrativer Kapitalanlagen überschätzen. Aufgrund der Annahme über Spezialwissen zu verfügen handeln Anleger, die der Selbstüberschätzung unterliegen, häufiger als Anleger ohne beziehungsweise mit geringer Overconfidence. Daher gefährdet ein

---

[190] Vgl. ebenda, S. 178; Vgl. hierzu auch Gondring, H. (2015), S. 354.

[191] Vgl. ebenda, S. 217-219.

[192] Vgl. Goldberg, J./Nitzsch, R. (2015), S. 71 f.; Vgl. hierzu auch Schriek, R. (2009), S. 44-46.

[193] Vgl. Günther, S. et al. (2012), S. 117-119; Vgl. hierzu auch ebenda, S. 221 f.

[194] Vgl. ebenda, S. 354.

[195] Vgl. Wahren, H. (2009), S. 214 f.

Marktteilnehmer durch diese Verhaltensweise sein Portfolio, indem er Verlustrisiken unterschätzt und das Portfolio unzureichend diversifiziert.[196]

Die *Kontrollillusion* tritt als Folge der Overconfidence Bias auf. Anleger gehen davon aus, die Marktbewegungen besser kontrollieren zu können. Diese ist besonders für den Kapitalmarkt wichtig, da dieser davon lebt, dass Anleger Kursentwicklungen unterschiedlich vorhersagen und an diese glauben.[197] Das Verhalten führt dann zu einer Verzerrung, wenn Anleger dabei ihre Fähigkeiten überschätzen. Erleben Anleger hintereinander eine Gewinnchance, können sie ihr Können überschätzen und höhere Risiken eingehen.[198] Folglich neigen sie zur Einseitigkeit ihrer Portfoliokonstruktion, indem sie lediglich Anlagen halten, die sie scheinbar gut kennen. Zudem sehen sie ihr Können bestätigt und erhöhen den Trade.[199]

Der *Ambiguitätsaversion* beschreibt, dass Anleger sich vor unbekannten Alternativen scheuen und daher bekannte Alternativen bevorzugen. Investiert ein Marktteilnehmer beispielsweise in Aktien eines ihm vertrauten Unternehmens, obwohl vergleichbare, aber für ihn unbekannte Alternativen bessere Zukunftsaussichten aufweisen, so tritt diese Heuristik auf.[200] Diese Heuristik ist eine der schädlichsten Heuristiken. Marktteilnehmer weisen bei ihnen unbekannten Wertpapieren höhere Renditeerwartungen auf, da das Risiko dieser Wertpapiere höher geschätzt wird. Daher kann diese Heuristik dazu führen, dass Anleger sich auf risikoarme Anlagen fokussieren, welche das Erreichen der Vermögensbildungsziele verhindern können.[201] Außerdem neigen Anleger zu inländischen Wertpapieren, welches zu einer Übergewichtung führt. Dieses Verhalten wird auch als *Home Bias* bezeichnet. Hierbei wird die Streuung des Portfolios gesenkt und dadurch das Risiko deutlich erhöht.[202]

Die *Prospekt-Theorie* dient zur Beschreibung von Entscheidungsverhalten und geht von einer Wertfunktion aus. Diese ist auf der folgenden Seite in der Abbildung 8 dargestellt. Dabei bewerten Anleger die Alternativen nicht wie bei der Neoklassik nach dem Endvermögen, sondern nach dem, ob die Veränderung des heutigen

---

[196] Vgl. Kommer, G. (2009), S. 16 f.
[197] Vgl. Goldberg, J./Nitzsch, R. (2015), S. 153.
[198] Vgl. Schriek, R. (2009), S. 48 f.
[199] Vgl. Daxhammer, R./Facsar, M. (2017), S. 236 f.; Vgl. hierzu auch ebenda, S. 235 f.
[200] Vgl. ebenda, S. 149.
[201] Vgl. ebenda, S. 223.
[202] Vgl. Leugermann, P. (2018), S. 29.

Wohlstandes durch Gewinne oder Verluste erfolgt. Die Alternativen werden durch die Wahrscheinlichkeiten zu einem Referenzwert/-punkt bewertet. Dieser spiegelt das heutige Vermögen wider. Die Wertfunktion verläuft s-förmig, im Verlust-Quadrant konvex und im Gewinn-Quadrant konkav. Das bedeutet, dass Anleger im Gewinnbereich risikoavers und im Verlustbereich risikofreudig handeln.[203] Außerdem zeigt die Wertfunktion, dass den Gewinnen im Vergleich zu gleich hohen Verlusten ein niedrigerer Wert zugeordnet wird. Daher führen Verluste bei der Kapitalanlage zu größeren Emotionen. Demnach versuchen Anleger mögliche Verluste zu vermeiden. Dieses Verhalten zeigt die *Verlustaversion* beziehungsweise loss aversion.[204]

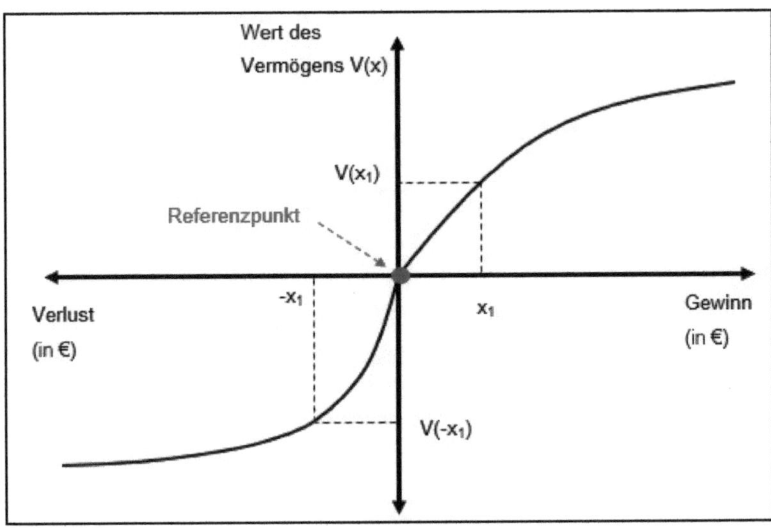

Abb. 8: Wertfunktion der Prospekt-Theorie[205]

Die *mentale Buchführung* oder Mental Accounting zeigt, dass Anleger, geistige Konten bilden und ihr Vermögen mit Hilfe bestimmter Faktoren in diese sortieren. Dadurch wird das Vermögen nicht im Gesamten betrachtet, sondern jede finanzielle Aktivität gesondert organisiert, bewertet und kontrolliert. Diese verringert die Komplexität der Entscheidungen.[206] Geistige Konten werden durch die Prospekt-

---

203 Vgl. Gondring, H. (2015), S. 354 f.; Vgl. hierzu auch Beck, H. (2014), S. 129-131.
204 Vgl. Eisenführ, F./Weber, M. (2003), S. 372; Vgl. hierzu auch ebenda, S. 132 f.
205 In Anlehnung an: ebenda, S. 355.
206 Vgl. Schriek, R. (2009), S. 36 f.; Vgl. hierzu auch Goldberg, J./Nitzsch, R. (2015), S. 54-56.

Theorie beeinflusst und besitzen eine s-förmige Wertfunktion. Gewinne und Verluste werden durch die Nutzenmaximierung unterschiedlich behandelt. Diese wird als Hedonic Framing bezeichnet. Hierbei zeigt die <u>Segregation</u>, dass Anleger die Positionen aufgrund der abnehmenden Sensitivität im Gewinnbereich gesondert voneinander betrachten und veräußern. Nach der Veräußerung werden die mentalen Konten geschlossen. Werden hierbei Verluste realisiert, werden diese zusammengefasst, um das Bedauernsgefühl zu reduzieren. Diese zeigt die <u>Integration</u>. Folglich wird die Wertpapierkorrelation vernachlässigt und es entsteht ein Klumpenrisiko.[207]

4.3 Heuristiken der Behavioral Finance im Entscheidungsprozess

Das selektive Entscheiden ist eine Verhaltensanomalie, welches der Marktteilnehmer im Entscheidungsprozess aufzeigt. Diese ist neben der Heuristik selektive Informationswahrnehmung, die unter Kapitel 4.2 bereits vorgestellt wurde, einer der beiden Folgen aus dem Bedürfnis nach der Dissonanzfreiheit. Mit der selektiven Entscheidung verfolgt der Marktteilnehmer das Ziel, eine unter hoher Selbstverpflichtung früher getroffene Entscheidung in jedem Fall zum gewünschten und erwarteten Gelingen zu führen, auch wenn der gewünschte Erfolg teuer einkauft werden muss. Der Privatanleger investiert hierbei weiterhin Kapital in eine bereits bestehende Anlage, damit die bisher getätigten Investitionen nicht ergebnislos bleiben und die Kapitalanlage zu einem Erfolg führt.[208] Zur Beschreibung dieser Heuristik kann die Wertfunktion aus der bereits dargestellten Prospekt-Theorie herangezogen werden. Im Verlustquadrant der Wertfunktion sinkt, aufgrund des konvexen Verlaufes, die Sensitivität der Anleger für steigende Verluste. Daher strebt der Marktteilnehmer kein Verkauf einer in der Verlustposition befindenden Kapitalanlage an. Durch die selektive Entscheidung investiert der Marktteilnehmer erneut in die Kapitalanlage und strebt einen Nachkauf der Anlage an. Infolgedessen wird angestrebt, dass durch weitere Investitionen der durchschnittliche Einstiegskurs einer Anlage sinkt und die Gewinnposition bei einer möglichen Erholung der Kurse schneller erreicht werden kann. Durch dieses Verhalten neigen Marktteilnehmer zu Verlustaversion im Verlustquadrant der Wertfunktion der Prospekt-Theorie. Diese kann sich schädlich auf das Portfolio und somit negativ auf die zu erreichende Renditen der Kapitalanlagen auswirken. Anleger realisieren die Buchverluste nicht

---

[207] Vgl. Daxhammer, R./Facsar, M. (2017), S. 227-229.
[208] Vgl. Goldberg, J./Nitzsch, R. (2015), S. 128 f.; Vgl. hierzu auch Schriek, R. (2009), S. 34.

und halten an Kapitalanlagen fest, die sie bei heutiger Entscheidung nicht erwerben würden. Dieses Verhalten wird außerdem als Dispositionseffekt bezeichnet. Der Dispositionseffekt wird auf der Seite 47 näher erläutert. Folglich werden die Risiken des Portfolios erhöht und der Anleger bindet zusätzliches Kapital, welches er in andere lukrativere Kapitalanlageinstrumente investieren und demzufolge bessere Ergebnisse in der Vermögensbildung erreichen könnte.[209]

Die Selbstzuschreibung, welche auch als Self-Attribution Bias bezeichnet wird, verdeutlicht folgende Verhaltensweise der Marktteilnehmer: Anleger überschätzen für Erfolge die eigene Verantwortung und schreiben diese ihrem eigenen Können und ihrem eigenen Fachwissen zu.[210] Im Gegensatz hierzu halten Marktteilnehmer für Misserfolge in Form von Verluste andere beziehungsweise äußere Umstände für verantwortlich. Ersteres führt zu einer Steigerung des Selbstbewusstseins der Marktteilnehmer. Die Verweigerung der Verantwortung für Verluste wird als Selbstschutz bezeichnet. Diese Heuristik verstärkt die Overconfidence Bias, da der Anleger den Eindruck des erfolgreichen Verhaltens verstärkt. Anleger ordnen die zufälligen Erfolge dem eigenen Können zu und gehen demzufolge bei der Kapitalanlage erhöhte Risiken ein. Dadurch kann die Rendite des Portfolios nachhaltig geschädigt werden. Außerdem steigern Anleger im Rahmen der Selbstzuschreibung die Handelstätigkeiten, was sich ebenfalls durch Transaktionskosten und höhere Risiken negativ auf das Portfolio auswirken kann. Abschließend neigt der Marktteilnehmer durch diese Heuristik zur selektiven Wahrnehmung, indem sie für Entscheidungsfindungen entscheidungsbestätigende Informationen vorziehen und diese stärker gewichten.[211]

Der Rückschau-Effekt, welcher auch als Hindsight Bias bezeichnet wird, beschreibt das Verhalten, dass Anleger die Eintrittswahrscheinlichkeit eines Ereignisses im Nachhinein höher einschätzen, als sie es vor dem Eintritt des Ereignisses geschätzt haben. Marktteilnehmer überschätzen dabei ihre Fähigkeiten und ihr Können, indem sie vor dem Eintreten eines Ereignisses glauben, den Ausgang dieses Ereignisses absehen zu können. Dieses Verhalten führt dazu, dass Anleger aus ihren falschen Einschätzungen nicht lernen und es folglich bei zukünftigen Einschätzungen zu Verzerrungen kommt.[212] Infolgedessen können Anleger höhere Risiken im

---

[209] Vgl. Daxhammer, R./Facsar, M. (2017), S. 246-248.
[210] Vgl. Bätscher, R./Piller, M. (2003), S. 12.
[211] Vgl. Daxhammer, R./Facsar, M. (2017), S. 248 f.
[212] Vgl. Schriek, R. (2009), S. 48 f.

Vergleich zum Verhalten der rational handelnden Marktteilnehmer eingehen, da sie nach einer Entscheidungsfindung glauben, bessere Vorhersagefähigkeiten zu besitzen. Außerdem lernen Anleger nicht aus ihren Fehlentscheidungen und verweigern daher, dass sie beispielsweise nicht durch den Herdentrieb zu dieser Entscheidung tendiert haben. Zudem neigen Anleger dazu, die Leistungen von Fondsmanagern falsch zu interpretieren und folglich zu früh aus der Kapitalanlage auszusteigen beziehungsweise weiteres Kapital in die Anlage zu investieren. Diese Fehlentscheidungen können renditeschädliche Auswirkungen im Portfolio des Marktteilnehmers aufweisen.[213]

Der Besitztums-Effekt, auch Endowment Effect beziehungsweise Endowment Bias genannt, zeigt das Anlageverhalten der Marktteilnehmer darin, dass diese den Wert einer Kapitalanlage nach dem Erwerb höher einschätzen als davor. Daher neigen Anleger dazu, für bereits erworbene Kapitalanlagen höhere Preise zu verlangen, als sie bereit wären, bei einem erneuten Erwerb dieser Anlagen zu bezahlen.[214] Das Verhalten kann an der Prospekt-Theorie-Wertfunktion beschrieben werden. Marktteilnehmer stufen den Verlust der Kapitalanlage als Schmerz ein und sehen daher bei Verkauf einen Aufpreis auf den tatsächlichen Wert vor. Der Grund liegt darin, dass Marktteilnehmer ungern Verluste realisieren.[215]

Der Besitztums-Effekt wird auch als Status Quo Bias bezeichnet. Diese Heuristik beschreibt, dass Marktteilnehmer ihre Portfolios infolge von Marktentwicklungen unverändert lassen, obwohl hier die Notwendigkeit besteht, diese anzupassen. Infolgedessen gehen Anleger höhere Risiken ein, indem sie eine Position halten, anstatt Veränderungen beziehungsweise Anpassungen vorzunehmen. Der wesentliche Grund hierfür liegt darin, dass Marktteilnehmer die Nachteile der Veränderungen bei bereits bekannten Kapitalanlagen stärker empfinden als die Vorteile, die durch neue Veränderungen möglich wären.[216] Folglich lassen Marktteilnehmer, die die Wahl zwischen Alternativen hatten, nach einer Entscheidungsfindung die möglichen Konsequenzen der gewählten Alternative unberücksichtigt.[217] Dieses

---

[213] Vgl. ebenda, S. 250 f.

[214] Vgl. Goldberg, J./Nitzsch, R. (2015), S. 131 f.; Vgl. hierzu auch Beck, H. (2014), S. 170 f.

[215] Vgl. ebenda, S. 251 f.

[216] Vgl. Goldberg, J./Nitzsch, R. (2015), S. 134; Vgl. hierzu auch Gondring, H. (2015), S. 354.

[217] Vgl. Bätscher, R./Piller, M. (2003), S. 11.

Verhalten kann zu den Heuristiken Verlustaversion, Ambiguitätsheuristik und Besitztums-Effekt führen.[218]

Der Optimismus-Effekt, in der Literatur auch Optimism Bias bezeichnet, zeigt die Verhaltensweise von Anlegern, die Eintrittswahrscheinlichkeit von positiven Marktentwicklungen höher zu schätzen als negative Marktentwicklungen. Hierbei gehen sie davon aus, dass die negativen Ereignisse nicht sie selbst, sondern andere Marktteilnehmer betreffen können. Durch diese Verhaltensweise überschätzen Marktteilnehmer ihre Fähigkeiten, da sie sich selbst als besser informiert einstufen als andere Anleger.[219] Die Sichtweise der Marktteilnehmer wird in interne und äußere Sichtweise unterschieden. Der Optimismus-Effekt wird auf die interne Sichtweise der Anleger zurückgeführt. Hierbei konzentrieren sich die irrationalen Anleger auf die derzeitige Situation des Marktes. Im Vordergrund steht dabei ihre eigene Investitionsbeteiligung. Bei der äußeren Sichtweise wird die derzeitige Situation mit historischen Marktentwicklungen verglichen. Demnach können Marktteilnehmer im Vergleich zu der inneren Sichtweise eher durch die äußere Sichtweise eine passende Vorhersage über die zu erwartende Entwicklung der Kapitalanlage treffen.[220] Privatanleger können durch diese Verhaltensanomalie dazu neigen, sich auf die Wertpapiere des Arbeitsgebers oder auf die Wertpapiere von anderweitig gut bekannten Gebieten zu fokussieren. Dadurch werden die Wertpapiere im Portfolio überbewertet und dies führt zu einem Klumpenrisiko. Zudem können Marktteilnehmer durch den Optimismus-Effekt sich ausschließlich auf die positiven Berichterstattungen fokussieren und in die jeweiligen Wertpapiere investieren. Dieses Verhalten verfälscht die Schätzung der Renditeentwicklung und steigert die Risikoneigung der Anleger. Zudem neigen Marktteilnehmer durch die zu optimistische Sichtweise zu den Heuristiken Home Bias und Selbstüberschätzung.[221]

Der Dispositionseffekt zeigt im Entscheidungsprozess, das Marktteilnehmer auf der einen Seite zögern die Kapitalanlagen, die in einer Verlustposition sind, zu veräußern. Auf der anderen Seite realisieren sie die Gewinne bei Kapitalanlagen zu früh, die sich in einer Gewinnposition befinden.[222] Dieses Verhalten führt dazu, dass Verluste vergrößert und Gewinne begrenzt werden. Der Dispositionseffekt

---

[218] Vgl. Daxhammer, R./Facsar, M. (2017), S. 261.

[219] Vgl. Gider, J./Hackbarth, D. (2010), S. 392-412.

[220] Vgl. Pompian, M. (2006), S. 163 f.

[221] Vgl. ebenda, S. 254.

[222] Vgl. Haase, S. (2016), S. 3; Vgl. hierzu auch Leugermann, P. (2018), S. 28.

kann wie folgt begründet werden:Einerseits empfinden Marktteilnehmer einen inneren Widerwillen sich von Kapitalanlagen zu trennen, solange sie nicht ihren Einstandspreis erzielen konnten. Bei Kapitalanlagen, die sich in der Gewinnposition befinden, empfinden Marktteilnehmer, dass sie einen bereits erreichten Vorteil nun wieder verlieren. Anderseits können zur Begründung der beschriebenen Heuristik folgende Erkenntnisse aus der Prospekt-Theorie herangezogen werden: Marktteilnehmer handeln in Verlustpositionen risikofreudig und in Gewinnpositionen risikoscheu.[223] Daher tritt diese Verhaltensanomalie oft auch in Folge der Heuristik Verlustaversion auf. Der Anleger wird seine Entscheidung über eine ökonomisch sinnvolle Verlustrealisierung, beispielsweise durch den Verkauf einer Kapitalanlage zum Tiefstkurs, zurückhalten, da er davor Angst hat, diese Entscheidung später zu bereuen. Er erhofft, dass er über die getroffene Entscheidung, die Kapitalanlage zu halten, doch Gewinne realisieren kann. Die Wertfunktion der Prospekt-Theorie verdeutlicht den Dispositionseffekt durch den konkaven Verlauf im Gewinnquadranten. Dabei werden zusätzlichen Gewinnen ein stark abnehmender Wert zugeteilt.[224]

Der *Selbstkontroll-Effekt*, auch Self-Control Bias genannt, beschreibt die Schwäche der Marktteilnehmer ein Anlageziel nicht immer ununterbrochen anzustreben. Bei Kapitalanlagen benötigt der Anleger gewisse Selbstdisziplin, um die individuellen Ziele und Wünsche mit Hilfe der Kapitalanlage zu erreichen. Die Ökonomen Richard H. Thaler und Hersh Shefrin entwickelten die Lebenszyklus-Theorie und stellten hierbei die Selbstkontrolle der Marktteilnehmer im Kontext zum Sparen in den Vordergrund der Theorie. Dadurch soll verhindert werden, dass ein Anleger sein für die Zukunft aufgebautes privates Vermögen heute bereits konsumiert. Zudem zeigt dieser Effekt, dass Marktteilnehmer die Kapitalanlageinstrumente, die eine Dividende ausschütten, bevorzugen. Dadurch widersteht der Privatanleger seiner Versuchung die Wertpapiere zu verkaufen, um damit insbesondere seine heutigen Konsumwünsche zu verwirklichen. Folglich werden Portfolios nicht ausreichend diversifiziert und Anlageprinzipien, wie beispielsweise der Zinseszins-Effekt, vernachlässigt.[225]

---

[223] Vgl. Beck, H. (2014), S. 360 f.; Vgl. hierzu auch Wahren, H. (2009), S. 211.
[224] Vgl. Daxhammer, R./Facsar, M. (2017), S. 255-259.
[225] Vgl. Ben-David, I. (2010), S. 442; Vgl. hierzu auch ebenda, S. 261-264.

Im Rahmen der privaten Finanzplanung lässt sich der Selbstkontroll-Effekt durch Zwangssparen über bestimmte Kapitalanlageinstrumente, wie beispielsweise Lebensversicherungen und Sparpläne, überwinden. Dabei fühlt sich der private Anleger an die Finanzprodukte gebunden und kann den Versuchungen, wie beispielsweise die Erreichung von Anlagezielen zu unterbrechen, widerstehen.[226]

Die Verhaltensanomalie *Prioritäten-Verzerrung* beschreibt das Verhalten der Marktteilnehmer, bei Entscheidungen über Kapitalanalgen mehr Zeit und Energie für eher kleinere und weniger wichtige Entscheidungen aufzuwenden als für größere und wichtigere Entscheidungen.[227] Diese weist eine deutliche Ungleichheit im Verhalten der Marktteilnehmer auf, da für weitreichende und größere Entscheidungen weniger Aufwand betrieben wird als für unwichtige Entscheidungen.[228]

Die letzte Verhaltensanomalie im Entscheidungsprozess ist der *Reueaversion*, welche in der Literatur auch als Regret Aversion oder Bedauern-Verzerrung bezeichnet wird. Hierbei möchte der Anleger möglichst keine falschen Entscheidungen treffen, da er diese später weder bereuen möchte noch enttäuscht sein will.[229] Dieser Effekt kann im Vergleich zur Verlustaversion sowohl bei einer getroffenen Fehlentscheidung im Nachhinein und anderseits als Folge einer nicht getroffenen richtigen Entscheidung entstehen. Hat der Marktteilnehmer beispielsweise dem Rat seines Beraters ein bestimmtes Wertpapier zu kaufen nicht gefolgt, die allerdings nach einer bestimmten Zeit eine starke Kurssteigerung generiert hat, so wird der Marktteilnehmer über den Gewinn, den er nicht realisieren konnte, trauern. Allerdings ist hierbei kein realer Verlust für ihn entstanden. Die Auswirkungen dieser Verhaltensanomalie sind auch im Rahmen der Heuristik mentale Buchführung erkennbar. Der Anleger führt neben den zahlungswirksamen Konten auch zahlungsunwirksame geistige Konten. Auf zahlungsunwirksame geistige Konten verbucht der Anleger fiktive Zahlungen, die sich ergeben hätten, wenn er eine bestimmte, frühere Anlageentscheidung nicht getroffen hätte.[230] Reueaversion kann bei den Marktteilnehmern dazu führen, risikoarme Kapitalanlageinstrumente im Portfolio zu bevorzugen und dadurch die Portfoliorendite zu begrenzen. Außerdem führt

---

[226] Vgl. Bätscher, R./Piller, M. (2003), S. 13.

[227] Vgl. Gondring, H. (2015), S.354.

[228] Vgl. Holle, V. (2018), S. 75.

[229] Vgl. Beck, H. (2014), S. 168; Vgl. hierzu auch ebenda, S.354.

[230] Vgl. Goldberg, J./Nitzsch, R. (2015), S. 135-138; Vgl. hierzu auch ebenda, S.354.

dieser Effekt zu den bereit beschriebenen Heuristiken Verlustaversion, Herdenverhalten und zur kognitiven Dissonanz.[231]

---

[231] Vgl. Daxhammer, R./Facsar, M. (2017), S. 264-266.

5 Überprüfung des financial behavior und der Anlageverhalten der Privatanleger

5.1 Methoden und Techniken der empirischen Erhebung

Im Fokus dieser Bachelorarbeit steht die Deskription des finanziellen Verhaltens der privaten Anleger und deren Auswirkung auf die private Vermögensbildung. Zunächst erfolgt in diesem Kapitel die Darstellung der Vorbereitung der empirischen Erhebung und die Beschreibung der angewandten Methoden und Techniken. Die Problemstellung und Zielsetzung dieser Bachelorarbeit wird bereits in Kapitel 1.1 und 1.2 ausführlich dargestellt. Die dargestellten Theorien in den Kapiteln 2, 3 und 4 zeigen, dass Privatanleger grundsätzlich mangelndes Finanzwissen aufweisen und bei Kapitalanlageentscheidungen irrational handeln. Daher lautet die globale Forschungsfragestellung, die mit dieser Bachelorarbeit untersucht wird: *Können Anleger mit finanzspezifischem Wissen rationale Entscheidungen bei der privaten Vermögensbildung treffen und somit bessere Anlageerfolge als Anleger ohne finanzspezifisches Wissen erreichen?* Infolge der dargestellten Theorien und der Forschungsfrage lassen sich folgende Hypothesen ableiten:

1. Hypothese: Es wird angenommen, dass Privatanleger, die bereits ausreichendes Finanzwissen besitzen, in der privaten Vermögensbildung eine breitere Streuung aufweisen als Privatanleger ohne ausreichendes Finanzwissen.

2. Hypothese: Zudem wird erwartet, dass Privatanleger einen geringen Wissensstand zum Thema Finanzen besitzen, den tatsächlichen Wissensstand überschätzen und die Vermögensstrukturierung dem Finanz- oder Bankberater überlassen.

3. Hypothese: Es wird angenommen, dass Privatanleger in Deutschland die Liquidität einer Anlage bevorzugen und demzufolge mittel- bis hochsichere Kapitalanlagen halten.

4. Hypothese: Es wird erwartet, dass weibliche Privatanleger sich weniger für das Thema Finanzen interessieren und geringeres Finanzwissen besitzen als männliche Anleger.

5. Hypothese: Außerdem wird erwartet, dass die Befragten, die eine abgeschlossene Ausbildung oder ein abgeschlossenes Studium mit wirtschaftlichem Schwerpunkt absolviert haben, sich mehr für das Finanzwissen interessieren als Befragte, die bisher keinen wirtschaftlichen Schwertpunkt in der Ausbildung oder im Studium hatten.

6. Hypothese: *Es wird angenommen, dass Privatanleger mit finanzspezifischem Wissen höhere Vermögenswerte besitzen als Anleger ohne ausreichendes Finanzwissen.*

7. Hypothese: *Es wird erwartet, dass Privatanleger mit ihrem emotionalen und kognitiven Verhalten ausgewählte Heuristiken der Behavioral Finance bestätigen.*

Damit die Forschungsfrage und die Hypothesen überschaubar sind und im Rahmen dieser Bachelorarbeit bewältigt werden können, werden diese möglichst kurz formuliert und die Anzahl der Hypothesen überschaubar gehalten.[232]

Für eine empirische Erhebung ist zunächst ein wissenschaftstheoretisches Paradigma zu bestimmt. Eine Untersuchung der Forschungsfrage ist mit quantitativen Datenerhebungen, qualitativen Datenerhebungen oder Mixed Methods möglich. Die quantitative Datenerhebung erfolgt beispielsweise bei typischen statistischen Analysen oder auch bei Durchführungen von Proben im Labor. Dieser Forschungsansatz wird auch zur Überprüfung von theoretisch abgeleiteten Hypothesen mit strukturierten Datenerhebungsmethoden genutzt. Dabei erfolgt die statistische Auswertung der erhobenen Daten. Der qualitative Forschungsansatz stellt die Interpretation von beispielsweise Interviewprotokollen dar. Das Ziel dieses Ansatzes ist offene Forschungsfragen zu beantworten und neue Theorien und Modelle zu entwickeln.[233] Die dritte Methode ist die Mixed Methods. Diese stellt eine Kombination aus den quantitativen und qualitativen Methoden dar und wird im Rahmen einer Untersuchung angewandt, um empirische Daten zu sammeln beziehungsweise zu erheben. Zur Untersuchung einer Forschungsfrage wird die Methode eingesetzt, die sich am besten eignet.[234] Die Verfasserin hat sich zur Untersuchung der Forschungsfrage und der aufgestellten Hypothesen für die quantitative Methode in Form einer Repräsentativerhebung entschieden und eine Umfrage durchgeführt.

Bei einer Repräsentativerhebung bezieht sich die Erhebung nur auf eine Teilgesamtheit, welches auch als Stichprobe bezeichnet wird. Die Ergebnisse der Stichprobe können wiederum auf die Grundgesamtheit übertragen werden. Die Repräsentativität einer Stichprobe ist dann gegeben, wenn sich die daraus resultierenden Ergebnisse auf die Grundgesamtheit übertragen lassen.[235] Für eine

---

[232] Vgl. Ebster, C./Stalzer, L. (2017), S. 156.
[233] Vgl. Döring, N./Bortz, J. (2016), S. 184.
[234] Vgl. Kuckartz, U. (2014), S. 33 f.
[235] Vgl. Raithel, J. (2008), S. 55.

quantitative Datenerhebung ist eine möglichst große Stichprobe erforderlich.[236] Bei einer Befragung wird mit Hilfe eines strukturierten Fragebogens die Einstellungen, Meinungen und Verhaltensweisen der Stichprobe erhoben. Die Befragung stellt in der empirischen Sozialforschung die am häufigsten verwendeten Datenerhebungsmethoden dar. Hierbei kann bezüglich der Kontaktmethode zwischen einer persönlichen, telefonischen, postalischen Befragung und einer Online-Befragung unterschieden werden.[237] Die Verfasserin hat sich für eine quantitative Datenerhebung in Form einer Umfrage entschieden, da sich das Thema und die Zielsetzung der Bachelorarbeit auf das finanzielle Verhalten von privaten Anlegern beschränkt und mit der Befragung die Datenerhebung zur Überprüfung der aufgestellten Hypothesen erfolgen kann. Außerdem bietet die Befragung die Möglichkeit, eine Vielzahl von Personen mit unterschiedlichen Eigenschaften zu befragen. Die Befragung wurde Online über das Tool www.umfrageonline.com durchgeführt. An einer Online-Umfrage können gleichzeitig mehrere Personen teilnehmen. Diese hat für die Verfasserin den Vorteil gebracht, dass in einer kurzen Zeit eine Vielzahl von Personen befragt werden konnten, ohne dass die Verfasserin bei den Befragten vor Ort anwesend war. Im Mittelpunkt dieser Umfrage steht die Forschungsfrage dieser Arbeit.

Die Verfasserin hat für die Datenerhebung einen Fragebogen entwickelt, der in der Anlage 1 dieser Arbeit gemeinsam mit der Auswertung der Fragebögen einzusehen ist. In der Literatur wird bei Erstellung eines Fragebogens der Grad der Standardisierung in voll-, teil- und nicht standardisierten Erhebungsinstrumenten unterschieden.[238] Zur Datenerhebung bei einer quantitativen Forschung dienen sogenannte vollstandardisierte Fragebögen. Dabei erfolgt im Anschluss der Konzeption ein Pretest, das heißt ein Probelauf und demzufolge wird bei Bedarf der Fragebogen überarbeitet.[239] Bei der Konstruktion des Fragebogens ist eine Systematik notwendig. Diese kann nach der Zielrichtung, der Vorgabe- und Formulierungsart und in Abhängigkeit vom Anlass unterschieden werden. Ersteres ist bei Fragebögen mit Fragen zu Einstellungen, Meinungen, Eigenschaften, Verhalten oder Fragen nach Wissen gegeben. Bei der Vorgabe- und Formulierungsart werden die Fragen zwischen offenen, halboffenen und geschlossenen Fragen unterschieden. Die

---

[236] Vgl. Aeppli, J. et al. (2014), S. 141-145.

[237] Vgl. ebenda, S. 200.

[238] Vgl. Ebster, C./Stalzer, L. (2017), S. 201.

[239] Vgl. Raithel, J. (2008), S. 66, Vgl. hierzu auch Döring, N./Bortz, J. (2016), S. 405.

Systematik in Abhängigkeit vom Anlass beschreibt, an welcher Stelle die Fragen platziert sind. Hierbei kann beispielsweise eine Übergangsfrage zur Hinführung von einem Thema zum anderen Thema dienen.[240] Bei der Fragebogenkonstruktion ist als Deckblatt der Titel der Forschung, der Briefkopf der Kontaktperson zu erfassen und auf die Freiwilligkeit der Teilnahme, die Anonymität und vertrauliche Behandlung der erhobenen Daten hinzuweisen.[241] Diese Hinweise hat die Verfasserin auf der Seite 1 der Online-Umfrage vorgenommen. Zudem hat die Verfasserin hierbei den Gender-Hinweis mitaufgenommen. Der Fragebogen beinhaltet insgesamt 29 Fragen.

Der Fragebogen besteht aus ausschließlich geschlossenen und halbgeschlossenen Fragen. Der Grund hierfür liegt darin, dass die empirische Untersuchung zur Gewichtung der dargestellten Themenbereiche, zur Überprüfung der Hypothesen und zur Beantwortung der Forschungsfrage dient. Zudem ermöglichen diese Art von Fragen einheitlichere Beantwortungen und erleichtern die Auswertung der Umfrage. Außerdem besteht bei geschlossenen Fragen nicht die Gefahr, dass Befragte wegen Schwierigkeiten bei der Formulierung oder wegen nicht Einfallen von Antworten überfordert sind. Allerdings besteht bei dieser Art von Fragen die Gefahr, dass die Antwortmöglichkeiten für die Befragte nicht passend sind oder nicht verstanden werden und diese daher die Antwort raten.[242]

Für eine qualitative Untersuchung sind die Teilbereiche, die zur Untersuchung ausgewählt wurden, zu gliedern.[243] Daher hat die Verfasserin den Fragebogen in vier Teilbereiche untergliedert:

- Fragen 1 bis 7: Private Vermögensbildung
- Fragen 8 und 9: Finanzwissen der Befragten im Rahmen des financial behavior
- Fragen 10 bis 20: Behavioral Finance
- Fragen 21 bis 29: Erhebung von Selbstauskünften und soziodemografischen Daten.

---

240 Vgl. ebenda, S. 202 f.
241 Vgl. ebenda, S. 77.
242 Vgl. Ebster, C./Stalzer, L. (2017), S. 203 f.; Vgl. hierzu auch Aeppli, J. et al. (2014), S. 168.
243 Vgl. ebenda, S. 166.

Der Teilbereich zur privaten Vermögensbildung beinhaltet folgende Fragen:

Fragen 1-5: (1) Welche Anlageprodukte nutzen Sie zur privaten Vermögensbildung? (2) Wer bestimmt, welche Anlageprodukte Sie für die Vermögensbildung nutzen? (3) Wie häufig informieren Sie sich über Ihr Depot? (4) Wie häufig informieren Sie sich zu wirtschaftlichen Hintergründen Ihrer Wertpapieranlagen? (5) Welche Anlageprodukte nutzen Sie zur privaten Vermögensbildung? Die Antwortmöglichkeiten sind nominalskaliert. Dadurch werden die Merkmalausprägungen in Klassen eingeteilt und die erhobenen Daten können statistisch ausgewertet werden.[244] Hierbei werden die Fragen 3 und 4 nur angezeigt, wenn der Befragte bei der ersten Frage Anlageinstrumente auswählt, die in einem Depot gehalten werden. Zudem wird die Frage 5 nur angezeigt, wenn der Befragte bei der ersten Frage Anlageinstrumente auswählt, die in einem Depot gehalten werden und bei Frage 4 nicht die Antwortmöglichkeit *gar nicht* auswählt. Bei den Fragen 1 und 5 sind Mehrfachnennungen möglich gewesen. Die Fragen 1 bis 5 dienen zur Überprüfung der 1., 2. und 7. Hypothese.

Frage 6: Wie wichtig ist Ihnen die Liquidität Ihrer Geldanlage zur Vermögensbildung? Die Antwortmöglichkeiten dieser Frage sind ordinalskaliert. Die Befragten müssen sich für eine Ausprägung entscheiden. Diese stehen in einer relationalen Beziehung zueinander. Demzufolge können die Merkmalsausprägungen miteinander verglichen werden.[245] Diese Frage dient zur Überprüfung der 3. Hypothese.

Frage 7: Was ist Ihnen bei der Geldanlage wichtiger, eine hohe Sicherheit oder eine angemessene Rendite? Die Antwortmöglichkeiten sind nach der metrischen Skalierung intervallskaliert. Sie weisen den gleichen Abstand zwischen den Merkmalsausprägungen auf. Dadurch kann die Differenz zwischen den Merkmalsausprägungen Sicherheit und der Rendite exakt bestimmt werden.[246] Diese Frage dient zur Überprüfung der 3. Hypothese.

Der zweite Teilbereich zum Finanzwissen der Befragten im Rahmen des financial behavior besteht aus den folgenden Fragen:

Frage 8: Interessieren Sie sich für das spezifische Finanzwissen, welches für eine erfolgreiche Geldanlage notwendig ist? Die Antwortmöglichkeiten sind nominalskaliert (siehe Frage 2). Diese Frage erhebt die Daten über das Interesse der

---

[244] Vgl. Esch, F./Herrmann, A./Sattler, H. (2013), S. 104.

[245] Vgl. Porst, R. (2014), S. 73.

[246] Vgl. Esch, F./Herrmann, A./Sattler, H. (2013), S. 105.

Teilnehmer für das finanzspezifische Hintergrundwissen und zur Selbsteinschätzung zum Wissensstand. Infolgedessen wird in der Frage 9 ein Wissenstest durchgeführt, um die Selbsteinschätzung der Teilnehmer zu untersuchen. Die Frage 8 dient zur Überprüfung der Hypothesen 1, 2 und 4 bis 6.

Frage 9: Neun Wissensfragen zu den unterschiedlichen Anlageprodukten für die Geldanlage (siehe Anlage 1). Die Antwortmöglichkeiten werden mit *trifft zu, trifft nicht zu* und *weiß ich nicht* ordinalskaliert. Hierbei wird eine verbalisierte Ordinalskala zugrunde gelegt, damit die Befragungspersonen sich über die Skala keine Gedanken müssen und die Wissensfragen zügig beantworten können.[247] Diese Frage wird nur angezeigt, wenn die Befragten bei der Frage 8 angeben, dass sie bereits ausreichendes Finanzwissen besitzen. Die Frage 9 dient zur Überprüfung der Hypothesen 1, 2 und 4 bis 6.

Nachfolgend werden die Fragen zum Teilbereich der Behavioral Finance vorgestellt. Es ist an dieser Stelle wichtig darauf hinzuweisen, dass sich mit der Befragung das tatsächliche Anlegerverhalten in der Praxis nicht beweisen beziehungsweise überprüfen lässt. Daher kann bei Beantwortung der Fragen eine Selbsttäuschung der Teilnehmer vorliegen.

Fragen 10-18: (10) Sind Sie mit Ihren bisherigen Anlageerfolgen, welche Sie durch Ihr Finanzwissen erreichen konnten, zufrieden? (11) Angenommen Sie waren in der Vergangenheit bereits von einem Börsencrash betroffen. Nun gehen die Wertpapierkurse stark runter. Wie hoch schätzen Sie die Eintrittswahrscheinlichkeit für einen weiteren crash? (12) Angenommen Sie haben eine niedrige Risikobereitschaft. Beim Verkauf von Wertpapieren generieren Sie unerwartete Gewinne. Würden Sie nun risikoreiche Wertpapiere erwerben, um erneut Gewinne zu generieren? (13) Angenommen in den Medien wird publiziert, dass der Kurs einer Aktie in der letzten Zeit angestiegen ist. Wie würden Sie sich verhalten?(14) Linda ist 31 Jahre alt, sehr intelligent und sagt offen ihre Meinung. Sie hat Philosophie studiert. Während der Studienzeit beschäftigte sie sich intensiv mit Fragen der sozialen Gerechtigkeit, Diskriminierung und nahm auch an Anti-Atomkraft-Demonstrationen teil. Welche der folgenden Aussagen sehen Sie als wahrscheinlicher an? (15) Angenommen Sie haben mit Ihren Wertpapieren einen bestimmten Gewinn realisiert. Wie würden Sie weiter vorgehen? (16) Angenommen Sie erben eine Uhr, die aktuell auf dem Markt 50 € kostet. Allerdings hat die Uhr Ihrem Großvater gehört und hat im Krieg sein Leben gerettet, weil

---

[247] Vgl. Porst, R. (2014), S. 81.

er sie in der rechten Brusttasche trug. Eine Kugel sei damals auf dem Deckel der Uhr abgeprallt. Nun bewundert ein Freund von Ihnen die Uhr und möchte sie kaufen. Wie viel würden Sie verlangen? *(17) Denke Sie, dass Sie mit Hilfe Ihrer Fähigkeiten und Kenntnisse Preisbewegungen auf dem Kapitalmarkt kontrollieren, das heißt den Markt schlagen können, um eine überdurchschnittliche Rendite zu erreichen? (18) Angenommen Sie konnten den Markt nicht schlagen und daher keine Überrendite erreichen. Wer ist dafür verantwortlich?* Die Antwortmöglichkeiten dieser Fragen sind nominalskaliert (siehe Frage 2). Die Fragen 14 und 16 wurden bereits im Rahmen verschiedener Experimente untersucht. Daher hat die Verfasserin diese zur Überprüfung der Hypothesen aus der Literatur Behavioral Finance – Gewinnen mit Kompetenz der Autoren Joachim Goldberg und Rüdiger von Nitzsch übernommen. Die Fragen 10 bis 18 dienen zur Überprüfung der 7. Hypothese.

Frage 19: 13 Aussagen über bestimmte Verhaltensweisen, Erfahrungen und Einstellungen zu unterschiedlichen Verhaltensmustern (siehe Anlage 1). Die Antwortmöglichkeiten sind mit *trifft völlig zu, trifft eher zu, trifft eher nicht zu* und *trifft nicht zu* ordinalskaliert (siehe Frage 9). Diese dienen zur Überprüfung der 7. Hypothese.

Frage 20: Haben Sie bereits von der Theorie „Behavioral Finance" gehört? Die Antworten sind nominalskaliert (siehe Frage 2). Die Frage 20 dient zur Überprüfung der 7. Hypothese.

Der Teilbereich zur Erhebung von Selbstauskünften und soziodemografischen Merkmalen beinhaltet die folgenden Fragen, die zur Überprüfung der Hypothesen 4 bis 6 dienen:

Frage 21: Geschlecht? Die Antwortmöglichkeiten sind nominalskaliert (siehe Frage 2).

Frage 22: Wie alt sind Sie? Die Antwortmöglichkeiten sind ordinalskaliert (siehe Frage 9).

Fragen 23-27: (23) Höchster Bildungsabschluss? (24) Wurde Ihnen in der Schule in einem Wirtschaftsfach Wissen über Finanzen und Geld übermittelt? (25) Haben Sie eine abgeschlossene Ausbildung bzw. ein abgeschlossenes Studium mit wirtschaftlichem Schwerpunkt? (26) Wie ist Ihre berufliche Stellung? (27) Branche? Die Antwortmöglichkeiten dieser Fragen sind nominalskaliert (siehe Frage 2). Die Frage 24 wird nicht angezeigt, wenn bei der Frage 23 die Antwortmöglichkeit *Noch keinen Abschluss* ausgewählt wird. Die Frage 25 wird angezeigt, wenn bei der Frage 23 eine der folgenden drei Antwortmöglichkeiten ausgewählt wird: *abgeschlossene Berufsausbildung, Bachelor/Diplom (FH)* oder *Master/Diplom (Uni)/Magister.* Die

Frage 27 wird nicht angezeigt, wenn bei der Frage 26 angegeben wird, dass die berufliche Stellung *Schüler, Arbeitslos, Rentner, Hausmann* ist.

Fragen 28 und 29: (28) *Wie hoch ist Ihr monatliches Bruttoeinkommen? (29) Wie viel beträgt Ihr Gesamtvermögen?* Die Antwortmöglichkeiten sind ordinalskaliert (siehe Frage 9).

Eine letzte Maßnahme zur Qualitätssicherung der Online-Umfrage ist die Durchführung eines Pretests. Diesen hat die Verfasserin genutzt, um die durchschnittliche Befragungszeit zu ermitteln und die Verständlichkeit der formulierten Fragen zu testen.[248] Bei Bedarf wird der Fragebogen im Anschluss überarbeitet. Der Fragebogen sollte für einen qualitativen und quantitativen Pretest an eine kleine Teilmenge der Zielpopulation vorgelegt werden. Diese nehmen später an der Datenerhebung nicht teil.[249] Die Verfasserin hat einen Pretest mit fünf Personen, zwei davon Fachkollegen, aus der Zielpopulation (n=5) durchgeführt und den Fragebogen anschließend überarbeitet. Die durchschnittliche Befragungszeit lag bei 8 Minuten. Daher hat die Verfasserin auf der ersten Seite der Umfrage die Teilnehmer darauf hingewiesen, dass die Beantwortung der Fragen 10 Minuten in Anspruch nimmt. Die fünf Personen, die den Pretest durchgeführt haben, nehmen an der Haupt-Datenerhebung nicht teil. Nachdem die letzte Qualitätssicherungsmaßnahme durchgeführt und der Fragebogen überarbeitet wurde, hat die Verfasserin die Online-Umfrage aktiviert. Die Online-Umfrage war in dem Zeitraum vom 06.03.2019 bis zum 06.04.2019 aktiv. Die Zielgruppe der Online-Umfrage sind die Privatanleger in Deutschland. Insgesamt liegen 243 Fragebögen zur Auswertung vor. Hiervon sind 35 Fragebögen aufgrund Nicht-Beantwortung einzelner Fragen oder dem Abbruch der Befragung unvollständig. Daher werden diese bei der Auswertung nicht mitberücksichtigt.

Bei Erstellung des Fragebogens hat die Verfasserin darauf geachtet, dass die Teilnehmer für die Beantwortung der Online-Umfrage nicht viel Zeit investieren müssen.[250] Dadurch wird erreicht, dass die Anzahl der abgebrochenen Fragebögen niedrig bleibt. Die Verfasserin hat den Rücklauf der Online-Umfrage verbessert, indem sie den Umfragelink auf verschiedenen Social Media-Plattformen und auf dem Forum der VEMA Versicherungs-Makler-Genossenschaft eG geteilt hat. Außerdem

---

[248] Vgl. Ebster, C./Stalzer, L. (2017), S. 209.
[249] Vgl. Döring, N./Bortz, J. (2016), S. 405-411.
[250] Vgl. Aeppli, J. et al. (2014), S. 174.

wurden wöchentlich Erinnerungen geteilt, damit die Rücklaufquote sich verbessert. Allerdings lässt sich auf Grundlage der genutzten Kanäle nicht definieren, wie viele Privatanleger mit der Online-Umfrage tatsächlich erreicht wurden. Die Auswertung der Umfrage erfolgt über Excel und dem Tool Umfrage Online.

5.2 Überprüfung des financial behavior im Kontext zur privaten Vermögensbildung

Nachfolgend wertet die Verfasserin im ersten Schritt die entsprechenden Fragen der an der Bevölkerung in Deutschland durchgeführten empirischen Forschung aus und überprüft im Anschluss mit Hilfe der Ergebnisse die Hypothesen 1 bis 6.

Zur Überprüfung der Hypothesen werden die Befragten bei der ersten Frage gefragt, welche Anlageinstrumente sie zur privaten Vermögensbildung nutzen. Über diese Frage kann überprüft werden, inwiefern die Befragten Vermögen bilden und dabei ihr Vermögen auf folgende sieben Kapitalanlageinstrumente streuen: Tagesgeld/ Festgeld, Lebens-/ Rentenversicherung, Anleihen, Aktien, Investmentfonds, Immobilien, Bausparen, Sonstige wie z.B. Gold, Rohstoffe. Hierbei sind Mehrfachnennungen möglich. Zur Untersuchung der Hypothesen wertet die Verfasserin die erste Frage hinsichtlich der Anzahl der angegebenen Kapitalanlageinstrumente für die private Vermögensbildung aus. Hierbei werden 7 Kategorien gebildet, die die Anzahl der genutzten Instrumente darstellen. Die nachfolgende Abbildung zeigt, wie viele Kapitalanlageinstrumente die 208 Befragten für die private Vermögensbildung nutzen. Die Befragten werden je nach Anzahl ihrer genutzten Anlageinstrumente in die sieben Kategorien eingeordnet, die in der Abbildung zu erkennen sind:

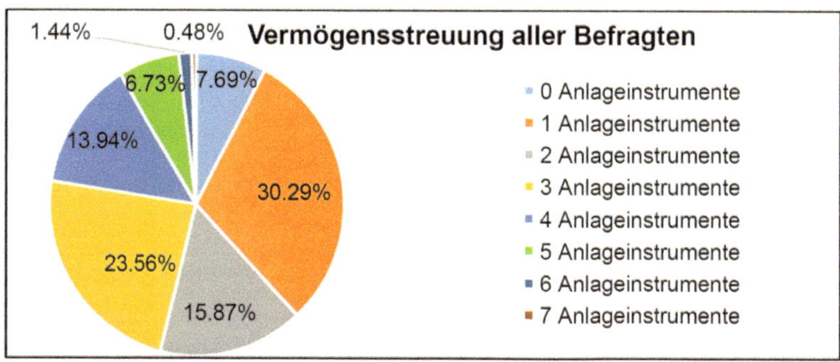

Abb. 9: Vermögensstreuung aller Befragten nach Anzahl der Anlageinstrumente[251]

Aus dieser Abbildung ist zu erkennen, dass nur einer der 208 Befragten die dargestellten 7 Kapitalanlageinstrumente zur privaten Vermögensbildung nutzt. Außerdem zeigt die Darstellung, dass 7,69 % der 208 Befragten keine Anlageinstrumente
besitzen und folglich kein Vermögen bilden. Insgesamt streuen nur 22,60 % der
Befragten bei der privaten Vermögensbildung in 4 und mehr unterschiedliche Kapitalanlageinstrumente.

Außerdem werden die Befragten zur Überprüfung der Hypothesen in der Frage 8
nach deren Interesse und deren Selbsteinschätzung über den Wissensstand zum
Thema Finanzen gefragt. Die Auswertung dieser Frage ergibt, dass sich 75,48 %
der 208 Teilnehmer für das spezifische Finanzwissen interessieren. Nur 24,52 %
aller Befragten geben an, dass sie sich nicht für das finanzspezifische Wissen interessieren. Außerdem zeigt die Auswertung, dass 121 und demnach 58,17 % der
208 Befragten empfinden, dass sie bereits ausreichendes Finanzwissen besitzen.
Allerdings stellt diese nur die Selbsteinschätzung der Teilnehmer dar. Dabei interessieren sich 99 der 121 Befragten für das Finanzwissen und 22 Befragte interessieren sich nicht dafür. Die Antwortmöglichkeiten und die Auswertung dieser Frage
wird in der nachfolgenden Abbildung dargestellt:

---

251 Eigene Darstellung.

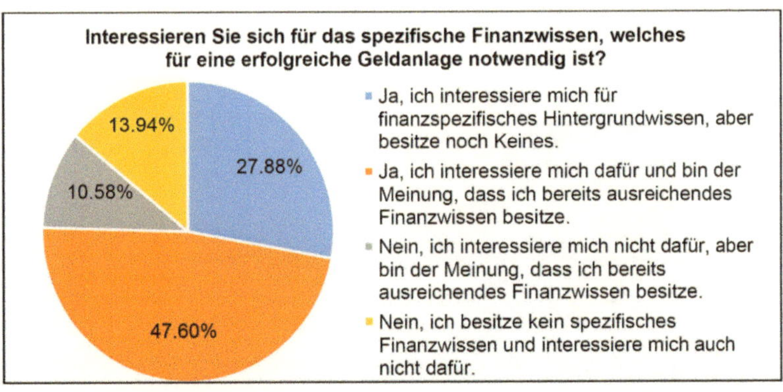

Abb. 10: Interesse und Selbsteinschätzung zum Finanzwissen aller Befragten[252]

Mit den Befragten, die bei der Frage 8 die zweite und dritte Antwortmöglichkeit ausgewählt und dadurch angegeben haben, dass sie bereits ausreichendes Finanzwissen besitzen, wird in der Frage 9 ein Finanztest durchgeführt. Dieser Test ermöglicht der Verfasserin, den tatsächlichen Wissenstand und die Selbsteinschätzung der Teilnehmer zu überprüfen, da die Frage 8 ausschließlich die persönliche Selbsteinschätzung der Befragten darstellt. Der Test beinhaltet neun Aussagen zu den in den Kapitel 2, 3 und 4 dargestellten Theorien. Davon sind zwei Aussagen richtig und sieben falsch. Dabei haben die Teilnehmer durch die Antwortmöglichkeiten *trifft zu*, *trifft nicht zu* oder *weiß ich nicht* die Chance, ihr Finanzwissen und folglich ihre Selbsteinschätzung zu beweisen. An diesem Finanztest nehmen nach der Auswertung der Frage 8 insgesamt 121 Befragte teil. Die Auswertung des Finanztests zeigt, dass nur 33 der 121 Befragten den Test mit null Fehlern bestehen und 88 der 121 Befragten bei Beantwortung der Aussagen Fehler verursachen oder die Antwortmöglichkeit *weiß ich nicht* auswählen. Demnach besitzen 175 der 208 Befragten nach ihrer Selbsteinschätzung beziehungsweise nach dem Ergebnis des durchgeführten Tests kein Wissen beziehungsweise kein ausreichendes Wissen zum Thema Finanzen.

---

[252] Eigene Darstellung.

Nachfolgend erfolgt über die Auswertung der ersten Frage die Überprüfung der 1. Hypothese. Die Abbildung 11 stellt den Vergleich zwischen der Vermögensstreuung der Befragten, die nach dem Ergebnis der Frage 9 ausreichendes Finanzwissen besitzen und der Vermögensstreuung der Befragten, die kein beziehungsweise kein ausreichendes Finanzwissen besitzen, dar:

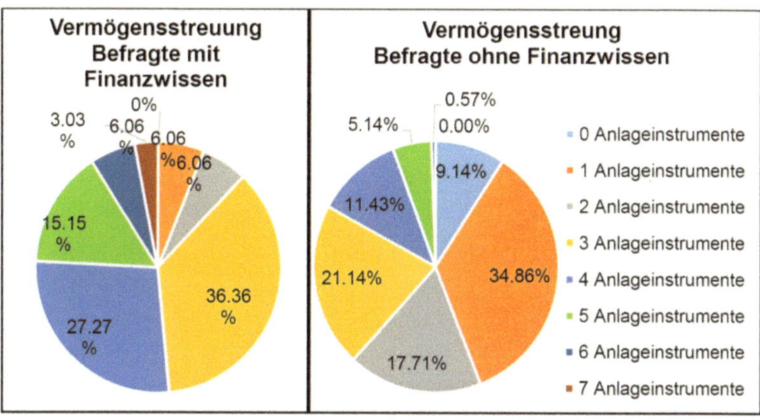

Abb. 11: Vermögensstreuung der Befragten mit und ohne Finanzwissen im Vergleich[253]

Aus der Abbildung ist zu erkennen, dass 51,52 % der Befragten mit Finanzwissen ihr Vermögen in 4 und mehr Kapitalanlageinstrumente streuen. Bei den Befragten, die kein ausreichendes Finanzwissen besitzen, streuen im Vergleich zu den Befragten mit Finanzwissen nur 14,42 % in 4 und mehr Kapitalanlageinstrumente. Folglich weisen Privatanleger, die ausreichendes Finanzwissen besitzen, eine breitere Streuung in der privaten Vermögensbildung auf. Demzufolge ist die **erste Hypothese** zu verifizieren.

Wie bereits dargestellt, zeigt die Auswertung der Frage 9, dass 121 Teilnehmer den Wissenstest durchführen. Allerdings können nur 33 der 121 Teilnehmer die Aussagen des Wissenstest zum Thema Finanzen richtig beantworten. Die 88 Befragten und somit 72,73 % der Teilnehmer, die den Test mit einem oder mehr Fehler nicht bestehen, überschätzen folglich ihr Wissensstand. Demnach besitzen lediglich 15,87 % der 208 Befragten ausreichendes Finanzwissen. In der Frage 2 werden die Befragten dazu befragt, wer die Strukturierung des Vermögens für die private Vermögensbildung vornimmt. Hierbei geben 77,40 % der 208 Befragten an, dass diese

---

[253] Eigene Darstellung.

durch *sie selbst* vorgenommen wird. Nur 20,67 % der Befragten überlassen die Vermögensstrukturierung dem *Finanz- oder Bankberater*. Der restliche Anteil der Befragten wählt die Antwortmöglichkeiten *Andere* aus.Dabei geben die Teilnehmer Folgendes an: beide, Finanzberater und ich selbst, Handelsvertreter, Bekannte. Den Auswertungen zufolge wird die **zweite Hypothese** nur teilweise verifiziert. Die erste und zweite Annahme der Hypothese bestätigt sich wie folgt: 84,13 % der Befragten weisen kein oder nur einen geringen Wissensstand zum Thema Finanzen auf und 72,73 % der Befragten überschätzen ihren tatsächlichen Wissensstand. Allerdings kann die dritte Annahme, dass Privatanleger die Vermögensstrukturierung dem Finanz- oder Bankberater überlassen, hingegen nicht bestätigt werden und wird von der Verfasserin wiederlegt. Nur jeder 5. Teilnehmer überlässt die Vermögensstrukturierung dem Finanz- oder Bankberater. Ein Grund hierfür könnte folgende weitere Erkenntnis sein: Die Auswertung der Frage 27 zeigt, in welcher Branche die Befragten tätig sind. Insgesamt sind 54,92 % aller Befragten bei Banken, Versicherungen, Finanzberatungen oder ähnliche Unternehmen tätig. Demzufolge wertet die Verfasserin die Fragebögen dieser Befragten in Bezug auf die Frage 2 aus. Die Auswertung zeigt, dass 91,5 % der Befragten, die bei einer Bank, Versicherung, Finanzberatung oder Ähnliches tätig sind, ihre Entscheidungen über Kapitalanlagen selbst bestimmen.

Zur Überprüfung der 3. Hypothese werden die Teilnehmer bei der Frage 6 gefragt, wie wichtig ihnen die Liquidität ihrer Kapitalanlage zur Vermögensbildung ist. Außerdem werden sie bei der Frage 7 gefragt, ob ihnen bei der Kapitalanlage eher eine hohe Sicherheit oder eine angemessene Rendite wichtiger ist. Im ersten Schritt wird die Frage 6 ausgewertet und die Ergebnisse in der folgenden Abbildung dargestellt:

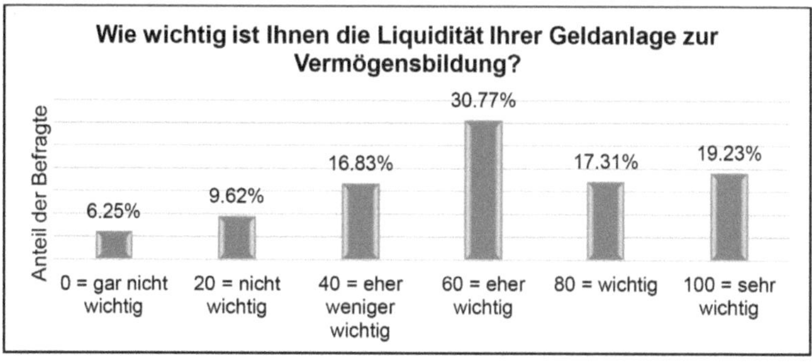

Abb. 12: Wichtigkeit der Liquidität von Kapitalanlagen für die Befragten[254]

Wie aus der Abbildung 12 zu erkennen ist, geben 19,23 % und somit 40 der 208 Teilnehmer an, dass ihnen die Liquidität der Kapitalanlage bei der privaten Vermögensbildung *sehr wichtig* ist. Weitere 17,31 % der 208 Befragten entscheiden sich für die Antwortmöglichkeit *wichtig* und weitere 30,77 % für die Antwortmöglichkeit *eher wichtig*.Demnach ist für insgesamt 67,31 % und somit 140 der 208 Befragten die Liquidität ihrer Kapitalanlage *eher* bis zu *sehr wichtig*. Die weiteren 32,69 % und somit 68 der 208 Befragten empfinden die Liquidität ihrer Kapitalanlage als *eher weniger wichtig* bis *gar nicht wichtig*. Folglich bewerten mehr als zweidrittel und demzufolge die Mehrheit der 208 Befragten die Liquidität ihrer Kapitalanlage für die private Vermögensbildung als eher wichtig bis zu sehr wichtig.

Die Auswertung der Frage 7 zeigt, dass 6,25 % der 208 Befragten bei der Kapitalanlage die hohe Sicherheit zu 100 % bevorzugen. Im Vergleich hierzu geben weitere 6,25 % der Befragten an, dass für sie bei der Kapitalanlage die Rendite am wichtigsten ist und demnach die Sicherheit der Anlage nicht wichtig ist. Für 33 der 208 Befragten und somit 15,87 % ist bei der Kapitalanlage wichtig, dass die Sicherheit der Kapitalanlage im gleichen Maße wie eine angemessene Rendite gegeben ist. Folglich wählen diese Teilnehmer die mittlere Antwortmöglichkeit aus. Insgesamt entscheiden sich 49,52 % der Befragten für die Antwortmöglichkeiten hohe Sicherheit. Im Vergleich hierzu wählen insgesamt 34,62 % der Befragten die Antwortmöglichkeiten aus, dass bei der Kapitalanlage die Rendite unter Beimischung der Sicherheit wichtig ist. Das arithmetische Mittel der Antworten liegt auf der Skala von 0 bis 100, wobei hier 0 für Sicherheit und 100 für Rendite steht, bei 46,88. Daher werden schließlich folgende Aussagen getroffen: Für jeden 2. Privatanleger

---

254 Eigene Darstellung.

ist bei der Kapitalanlage wichtig, dass die Anlage eine hohe Sicherheit aufweist und gleichzeitig eine angemessene Rendite erreicht. Allerdings ist für 15,87 % der Privatanleger wichtig, dass bei der Kapitalanlage die Mischung von Rendite und Sicherheit in gleichem Maße gegeben ist. Für weitere 28,37 % ist es bei der Kaitalanlage wichtig, dass eine angemessene Rendite und eine entsprechende Sicherheit der Anlage gegeben sind. Nur 6,25 % der Befragten bevorzugen Kapitalanlagen, die für den Anleger nicht sicher sind, aber eine hohe Rendite erreichen. Die Ergebnisse der Auswertungen zeigen, dass die Mehrheit der Privatanleger bei der Kapitalanalage die Liquidität und demzufolge mittel- bis hochsichere Kapitalanlagen bevorzugen. Daher wird die **dritte Hypothese** verifiziert.

Zur Überprüfung der 4. Hypothese, dass weibliche Privatanleger sich weniger für das Thema Finanzen interessieren und einen geringeren Wissensstand aufweisen als männliche Privatanleger, wird im ersten Schritt die Frage 21 der Befragung ausgewertet. Bei dieser Frage werden die Teilnehmer nach ihrem Geschlecht gefragt. Die Auswertung dieser Frage zeigt, dass 96 der 208 Befragten weibliche und 112 der 208 Befragten männliche Teilnehmer sind. Im zweiten Schritt werden die Antworten der Frage 8 der weiblichen und männlichen Teilnehmer differenziert ausgewertet. Die nachfolgende Abbildung stellt die Auswertung der Antworten der Frage 8 in den Fragebögen der weiblichen Teilnehmer dar. Aus dieser Abbildung ist zu erkennen, dass 70,83 % der weiblichen Befragten sich für das finanzspezifische Hintergrundwissen interessieren.

Abb. 13: Interesse und Selbsteinschätzung zum Finanzwissen weiblicher Teilnehmer[255]

---

[255] Eigene Darstellung.

Als nächstes werden die Antworten der männlichen Teilnehmer zu der Frage 8 ausgewertet. Die Darstellung der Auswertung ist in der Anlage 2 dieser Arbeit einzusehen. Unter den 112 männlichen Befragten geben insgesamt 89 an, dass sie sich für das finanzspezifische Hintergrundwissen interessieren. Nur 23 der 112 männlichen Teilnehmer interessieren sich nicht für das Finanzwissen. Im Vergleich zu den weiblichen Teilnehmern, interessieren sich 79,46 % der männlichen Teilnehmer für das spezifische Finanzwissen.

Unter den weiblichen Teilnehmern stimmen 50 % dafür, dass sie unabhängig vom bestehenden Interesse bereits ausreichendes Finanzwissen besitzen. Im Vergleich hierzu geben 65,18 % der männlichen Befragten an, dass sie bereits ausreichendes finanzspezifisches Hintergrundwissen besitzen. Allerdings stellen diese Auswertungen nur die persönliche Selbsteinschätzung der Befragten dar. Um den tatsächlichen Wissensstand der Teilnehmer auszuwerten, werden die Fragebögen der Teilnehmer, die den Wissenstest bei der Frage 9 mit null Fehlern bestanden haben, hinsichtlich des Geschlechtes überprüft. Wie bereits aufgezeigt, haben insgesamt 121 weibliche und männliche Befragte am Wissenstest teilgenommen. Lediglich können 33 Befragte den Finanztest mit null Fehlern bestehen. Die Auswertung zeigt, dass 10 der 33 Befragten weibliche Teilnehmer und 23 der 33 Befragten männliche Teilnehmer sind. Nachfolgend werden die dargestellten Ergebnisse zur Überprüfung der 4. Hypothese zusammengefasst:

- 70,83 % der weiblichen Privatanleger und 79,46 % der männlichen Privatanleger interessieren sich für das finanzspezifische Hintergrundwissen

- unter den 33 Befragten, die den Finanztest bestanden haben, sind 30,30 % weibliche und 69,70 % männliche Teilnehmer.

Folglich zeigen weibliche Privatanleger grundsätzlich weniger Interesse für das Thema Finanzen auf und besitzen einen geringeren Wissensstand als männliche Privatanleger. Demzufolge ist die ***vierte Hypothese*** zu verifizieren. Ein wesentlicher Grund hierfür könnte folgende Erkenntnis sein: Die Auswertung der Frage 27 zeigt, dass das monatliche Bruttoeinkommen bei nur 18,1 % der weiblichen Teilnehmer, die bei der Frage 26 als berufliche Stellung nicht Schüler oder Student/Azubi angeben, bei über 3.500 € liegt. Im Vergleich hierzu liegt das monatliche Bruttoeinkommen von insgesamt 61,6 % der männlichen Teilnehmer über 3.500 €. Demzufolge kann das Ergebnis der 4. Hypothese mit dem höheren Einkommen der männlichen Teilnehmer und das dadurch entstehende Mehrinteresse zum Thema Finanzen begründet werden.

Um die 5. Hypothese über die Annahme, dass Befragte, die eine abgeschlossene Ausbildung oder ein abgeschlossenes Studium mit wirtschaftlichem Schwerpunkt besitzen, sich mehr für das Finanzwissen interessieren als Befragte, die keinen wirtschaftlichen Schwertpunkt haben, zu überprüfen, wird im ersten Schritt die Frage 25 ausgewertet. Diese Frage wird aufgrund der Einschränkungen über Anzeigebedingungen der Antwortmöglichkeiten bei der Frage 23 lediglich 100 der 208 Befragten angezeigt. Hiervon wählen 66 % der 100 Befragten die Antwortmöglichkeit *ja* aus und geben an, dass sie eine abgeschlossene Ausbildung beziehungsweise ein abgeschlossenes Studium mit wirtschaftlichem Schwerpunkt besitzen. Weitere 34 % wählen die Antwortmöglichkeit *nein* aus. Als nächstes erfolgt die Auswertung der Antworten der 66 Befragten, die eine Ausbildung beziehungsweise ein Studium mit wirtschaftlichem Schwerpunkt absolviert haben, die sie bei der Frage 8 angeben. Insgesamt geben 87,88 % der 66 Befragten an, dass sie sich für das finanzspezifische Wissen interessieren. Um die Hypothese überprüfen zu können, wird als nächster Schritt die Antworten der weiteren 34 der 100 Teilnehmer bei der Frage 8 ausgewertet, die keine Ausbildung beziehungsweise kein Studium mit wirtschaftlichem Schwerpunkt absolviert haben. Hierbei zeigt die Auswertung, dass insgesamt 26 von 34 Teilnehmern die ersten zwei Antwortmöglichkeiten der Frage 8 auswählen. Somit interessieren sich 76,47 % dieser Befragten für das finanzspezifische Hintergrundwissen. Folglich interessieren sich die Befragten, die eine wirtschaftliche Ausbildung beziehungsweise ein wirtschaftliches Studium absolviert haben, mehr für das Finanzwissen als die Befragten, die bisher keinen wirtschaftlichen Schwerpunkt bei der Ausbildung oder beim Studium hatten. Demzufolge wird die ***fünfte Hypothese*** ebenfalls verifiziert.

Zur Überprüfung der 6. Hypothese erfolgt im ersten Schritt die Auswertung der Frage 29 der Teilnehmerfragebögen (n=33), die den Finanztest mit null Fehlern bestehen. Diese Auswertung wird in der folgenden Abbildung dargestellt:

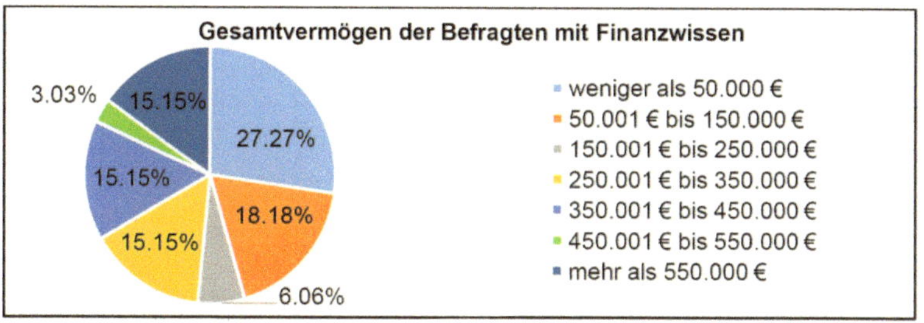

Abb. 14: Gesamtvermögen der Befragten <u>mit</u> ausreichendem Finanzwissen[256]

Im Vergleich hierzu wird in der folgenden Abbildung die Auswertung der Gesamtvermögen der 175 Befragten dargestellt, die kein ausreichendes Finanzwissen aufweisen konnten:

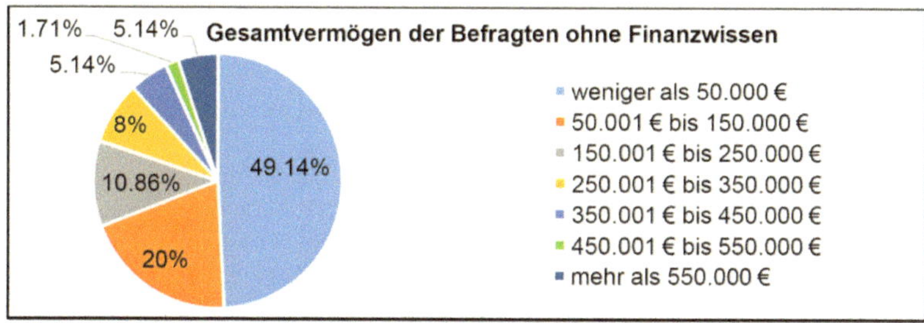

Abb. 15: Gesamtvermögen der Befragten <u>ohne</u> ausreichendem Finanzwissen[257]

Aus den Abbildungen ist zu erkennen, dass nur 27,27 % der 33 Befragten, die bereits ausreichendes Finanzwissen besitzen, die erste Vermögensklasse auswählen und demzufolge ein Gesamtvermögen unter 50.000 € besitzen. Im Vergleich hierzu besitzen 49,14 % der 175 Befragten, die kein ausreichendes Finanzwissen aufweisen, weniger als 50.000 € Gesamtvermögen. Bei Gegenüberstellung der Vermögensklassen 2 bis 7 werden 72,73 % der 33 Befragten, die ausreichendes Finanzwissen besitzen, in diese Klassen eingeordnet. Im Gegensatz dazu werden nur 50,86 % der Befragten, die nach Auswertung des Finanztests kein ausreichendes Finanzwissen besitzen, in diese Klassen eingeordnet. Werden zur Auswertung die Klassen mit den Zahlen 1 bis 7 gekennzeichnet und die Antworthäufigkeiten mit den zugehörigen Zahlen versehen, liegt der arithmetische Mittelwert der Befragten mit ausreichendem Finanzwissen bei der Klasse 3,42 und der Mittelwert der

---

[256] Eigene Darstellung.

[257] Ebenda.

175 Befragten ohne ausreichendes Wissen bei 2,26. Folglich weisen Privatanleger mit finanzspezifischen Wissen bei der privaten Vermögensbildung höhere Vermögenswerte als Anleger ohne ausreichendes Finanzwissen auf. Demzufolge wird die *sechste Hypothese* bekräftigt.

5.3 Überprüfung ausgewählter Heuristiken der Behavioral Finance

In diesem Kapitel überprüft die Verfasserin über die Auswertung der Umfrageergebnisse die 7. Hypothese zu den Heuristiken der Behavioral Finance. Hierzu dienen insbesondere die Ergebnisse der Fragen 10 bis 19 der Umfrage. Die Theorien zu den Heuristiken Kontrollillusion, Optimismus-Effekt und Prioritäten-Verzerrung können nicht überprüft werden, da die Befragung hierzu, aufgrund der Beweiskomplexität, keine Fragen enthält.

Die Frage 10 beschäftigt sich damit, ob die Befragten mit ihren bisherigen Anlageerfolgen, die sie durch ihr Finanzwissen erreichen konnten, zufrieden sind und dient zur Überprüfung der aufgestellten Hypothese zur Heuristik Selbstzuschreibung. Diese Frage wird aufgrund der Anzeigebedingung nur den Befragten angezeigt, die bei der Frage 8 angeben, dass sie ausreichendes Finanzwissen besitzen und infolgedessen bei der Frage 9 am Finanztest teilnehmen. Daher wird die Frage 10 von insgesamt 121 der 208 Befragten beantwortet. Hiervon wählen 100 Befragte die Antwortmöglichkeit *ja* und 21 Befragte die Antwort *nein* aus. Demnach sind 82,64 % der 121 Befragten mit ihren Anlageerfolgen zufrieden, die sie nach ihrer Selbsteinschätzung durch ihr Finanzwissen erreichen konnten. Diese Ergebnisse bestätigt das Verhalten, dass die Mehrheit der Privatanleger die erreichten Erfolge ihrem eigenen Können und ihren eigenen Fähigkeiten zuschreiben. Demzufolge wird die *siebte Hypothese* bezogen auf die Heuristik Selbstzuschreibung verifiziert.

Die nächste Frage dient zur Überprüfung der aufgestellten Hypothese im Zusammenhang mit der Verfügbarkeitsheuristik. Diese stellt die Schätzung der Eintrittswahrscheinlichkeit für einen Börsencrash dar, wenn der Befragte bereits in der Vergangenheit von einem Börsencrash betroffen war. Als Antwortmöglichkeiten sind lediglich *hoch* oder *niedrig* möglich. Insgesamt wählen 118 der 208 Befragten die Antwortmöglichkeit hoch aus. Folglich schätzen 56,73 % der Befragten die Eintrittswahrscheinlichkeit für einen weiteren Börsencrash *hoch*. Die restlichen 43,27 % der 208 Befragten beantworten diese Frage mit der Antwortmöglichkeit *niedrig*. Das Ergebnis zeigt, dass die Mehrheit der Befragten und daher der Privatanleger die Eintrittswahrscheinlichkeit für ein Ereignis, welches sie in der Vergangenheit bereits miterlebt haben, hoch einschätzen. Folglich wird aufgrund von der bereits vorhandenen Erfahrung die Eintrittswahrscheinlichkeit eher überschätzt. Des Weiteren werden die Teilnehmer, die sich zu den wirtschaftlichen Hintergründen ihres Depots informieren, bei der Frage 5 gefragt, welche Quellen sie hierbei nutzen. Denn die Theorie zur Verfügbarkeitsheuristik besagt zusätzlich, dass Anleger Informationen bevorzugen, die einfach zugänglich sind. Die Antwortmöglichkeiten dieser Frage bestehen aus Quellen, die einfach zugänglich sind und aus Quellen, die schwer zugänglich sind, wie z.B. Unternehmenspublikationen und Fachseminare. Hierbei sind Mehrfachnennungen möglich. Die Auswertung der Frage 5 wird in der folgenden Abbildung dargestellt:

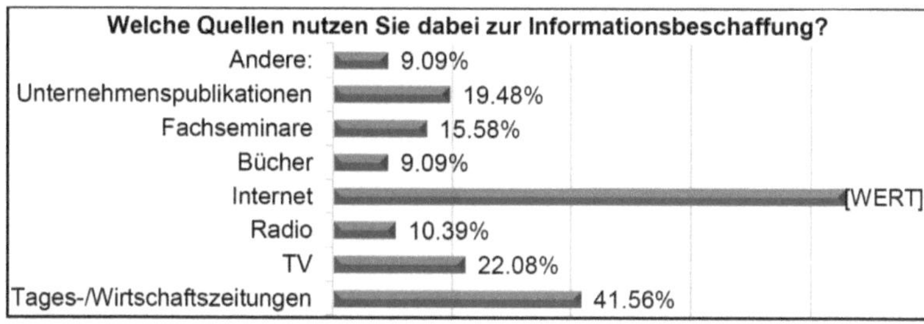

Abb. 16: Nutzung unterschiedlicher Quellen zur Informationsbeschaffung[258]

Aus der Abbildung ist zu erkennen, dass 85,71 % der Befragten einfach zugängliche Internetquelle zur Beschaffung von Informationen nutzen. Außerdem nutzen 41,56 % der Befragten Tages- oder Wirtschaftszeitungen. Die Quellen Fachseminare und Unternehmenspublikationen werden lediglich von 15,58 % und 19,48 % der Befragten genutzt. Das Ergebnis zeigt, dass die Mehrheit der Befragten zur Informationsbeschaffung einfach zugängliche Quellen, wie z.B. das Internet oder Tages- und Wirtschaftszeitungen, bevorzugen. Demnach wird die *siebte Hypothese* zur Verfügbarkeitsheuristik verifiziert.

Die Ergebnisse der Frage 12 zeigen, wie die Befragten sich unter der Annahme einer niedrigen Risikobereitschaft verhalten, wenn sie durch den Verkauf von Wertpapieren unerwartete Gewinne generieren. Diese dient zur Überprüfung der Hypothese in Bezug auf die Heuristik Risikowahrnehmung. Hierbei geben 80 der 208 Befragten an, dass sie nun risikoreichere Wertpapiere erwerben würden, um erneut Gewinne zu realisieren. Die weiteren 128 Befragte geben an, dass sie

---

[258] Eigene Darstellung.

destotrotz keine risikoreichen Wertpapiere erwerben würden. Folglich wählen 61,54 % die Antwortmöglichkeit *nein* und 38,46 % der Befragten die Antwort *ja* aus. Demzufolge verhalten sich die Mehrheit der Privatanleger nach unerwarteten Gewinnen nicht risikofreudig. Dieser Auswertung zufolge wird die **siebte Hypothese** bezogen auf die Heuristik <u>Risikowahrnehmung</u> falsifiziert.

Die Frage 13 untersucht das Verhalten der Anleger bei Berichtserstattungen über den kurzfristigen Kursanstieg einer Aktie. Diese dient zur Überprüfung der 7. Hypothese zum Darstellungseffekt. Hierbei geben nur 46 der 208 Befragten an, dass sie nach dieser Berichtserstattung die Aktie direkt kaufen würden, um an den zukünftigen Kurssteigerungen teilzuhaben. Demzufolge wählen 162 der 208 Teilnehmer und somit 77,88 % die zweite Antwortmöglichkeit aus und geben an, dass sie sich weiter informieren und den Kursverlauf über eine längere Zeit untersuchen würden. Folglich lassen sich nur ein Viertel der Befragten durch unterschiedliche Darstellungsweisen eines Sachverhaltes beeinflussen. Daher wird die **siebte Hypothese** bezogen auf die Heuristik <u>Darstellungseffekt</u> entkräftet.

Die Frage 14 wurde bereits 1983 durch die Psychologen Tversky und Kahneman im Rahmen eines Experimentes zur Repräsentativitätsheuristik untersucht und dargestellt. Bei dieser resultierte das Ergebnis, dass die Mehrheit der Menschen die zweite Antwortmöglichkeit als wahrscheinlicher halten.[259] Dieses Ergebnis wird über die Frage 14 der Umfrage bestätigt. Nur 51 der 208 Befragten wählen die Antwortmöglichkeit *Linda ist Bankangestellte* aus. Weitere 157 Befragte und demnach 75,48 % der 208 Befragten wählen die zweite Antwortmöglichkeit aus und halten diese für wahrscheinlicher. Folglich werden gemeinsame Ergebnisse mit einer höheren Wahrscheinlichkeit bewertet, wenn diese im Vergleich zum Einzelergebnis repräsentativer erscheinen. Demzufolge wird die **siebte Hypothese** zur <u>Repräsentativitätsheuristik</u> der Behavioral Finance bekräftigt.

Die darauffolgende Frage beschäftigt sich mit dem Verhalten der Befragten infolge von realisierten Kursgewinnen und überprüft die aufgestellte Hypothese im Zusammenhang der Heuristik Dispositionseffekt. Die Auswertung dieser Frage zeigt, dass 115 der 208 Befragten angeben, dass sie die Wertpapiere verkaufen würden, um die erreichten Kursgewinne zu sichern. Der Rest, das heißt 93 der 208 Befragten und somit 44,71 %, würde die Wertpapiere behalten, um größere Gewinne zu erreichen. Folglich zeigt das Ergebnis, dass die Mehrheit der Anleger in der

---

[259] Vgl. Goldberg, J./Nitzsch, R. (2015), S. 73.

Gewinnposition risikoscheu handeln, die Gewinne zu früh realisieren und diese dadurch begrenzen. Demnach wird die **siebte Hypothese** zum <u>Dispositionseffekt</u> bekräftigt.

Die Frage 16 dient zur Überprüfung der Hypothese zu der Heuristik Besitztums-Effekt. Menschen verlangen für ein bestimmtes Gut, welches sie bereits besitzen, beim Verkauf einen erheblich höheren Preis als sie selbst beim Erwerb dieses Gutes bezahlen würden. Dieses Verhalten wurde bereits in zahlreichen Experimenten gezeigt.[260] Die Auswertung dieser Frage wird in der folgenden Abbildung dargestellt:

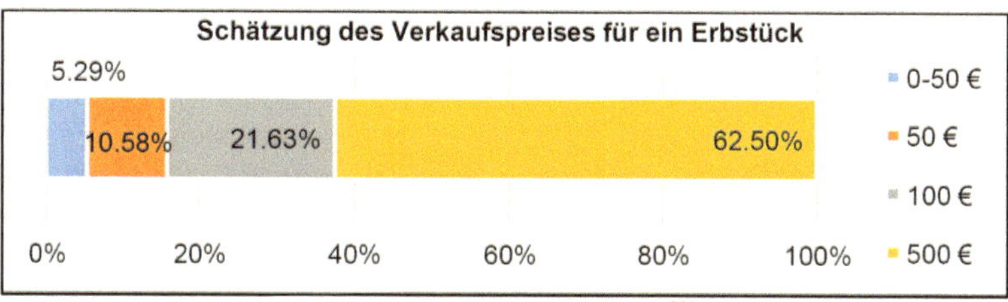

Abb. 17: Schätzung des Verkaufspreises für ein Erbstück[261]

Die Auswertung dieser Frage zeigt, dass 62,50 % der 208 Befragten die Uhr nicht für einen Preis unter 500 € verkaufen würden. Insgesamt verlangen 84,13 % der 208 Befragten bei einem Verkauf des Erbstücks mehr als den Marktwert. Nur insgesamt 15,87 % der Befragten würden die Uhr für den aktuellen Marktwert oder weniger verkaufen. Dieser Auswertung zufolge wird die **siebte Hypothese** zum <u>Besitztums-Effekt</u> verifiziert.

Die Frage 17 wird aufgrund der Anzeigebedingung nur für die Teilnehmer angezeigt, die bei der Frage 8 angeben, dass sie ausreichendes Finanzwissen besitzen und folglich bei der Frage 9 am Finanztest teilnehmen. Wie bereits ausgewertet, wird die Frage 10 von insgesamt 121 der 208 Befragten beantwortet. Die Auswertung der Frage 17 zeigt, dass 65,29 % der 121 Befragten wissen, dass sie mit Hilfe ihrer Fähigkeiten und Kenntnisse die Preisbewegungen auf dem Kapitalmarkt nicht kontrollieren können, um eine überdurchschnittliche Rendite zu erreichen. Die weiteren 34,71 % der 121 Befragten wählen die Antwortmöglichkeit *ja* aus und gehen daher davon aus, dass sie dazu fähig sind. Folglich resultiert aus der Auswertung, dass die Mehrheit der Privatanleger die eigenen Fähigkeiten nicht

---

[260] Vgl. ebenda, S. 131 f.
[261] Eigene Darstellung.

überschätzen. Insofern wird die *siebte Hypothese* bezogen auf die Heuristik <u>Selbstüberschätzung</u> wiederlegt.

Infolgedessen werden die 42 Befragten, die in der Frage 17 als Antwortmöglichkeiten *ja* ausgewählt haben, in der Frage 18 gefragt, wer dafür verantwortlich wäre, wenn sie den Markt nicht schlagen und demzufolge mit ihren Wertpapieren keine Überrendite erreichen könnten. Diese Frage dient im Rahmen der aufgestellten Hypothese zur Überprüfung der Heuristik Selbstzuschreibung. Wie in Kapitel 4.3 bereits dargestellt, besagt diese, dass Anleger für Misserfolge in Form von Verlusten Andere beziehungsweise äußere Umstände für verantwortlich halten. Die Auswertung dieser Frage zeigt, dass 54,76 % der 42 Befragten für die Misserfolge äußere Umstände beziehungsweise Andere als verantwortlich halten. Weiteren 45,24 % der Befragten halten sich selbst als verantwortlich. Demzufolge wird die Theorie dieser Heuristik belegt und die *siebte Hypothese* bezogen auf die <u>Selbstzuschreibung</u> erneut bekräftigt.

Die Auswertung der Antworten zu den Aussagen der Frage 19 unterstützen die Überprüfung der siebten Hypothese zu den ausgewählten Heuristiken. Die Befragten wurden darum gebeten, die Aussagen ehrlich, zügig und ohne lange zu überlegen zu beantworten. Die Antwortmöglichkeiten sind Folgende: 1. *trifft völlig zu*, 2. *trifft eher zu*, 3. *trifft eher nicht zu* und 4. *trifft nicht zu*. Nachfolgend erfolgt schrittweise die Auswertung der Antworten der Befragten zu diesen Aussagen:

Die Auswertung der ersten Aussage zeigt, dass 75 der 208 Befragten sich für die Antwortmöglichkeit *trifft völlig zu* und 77 der 208 Befragten sich für die Antwort *trifft eher zu* entscheiden. Weitere 41 Befragte wählen die dritte und weitere 15 Befragte die vierte Antwortmöglichkeit aus. Demzufolge erinnern sich 73,08 % der 208 Befragten besser an häufig auftretende Ereignisse als im Vergleich zu Ereignissen, die eher selten auftreten. Nur für insgesamt 26,92 % der 208 Befragten *trifft* diese Aussage *eher nicht* beziehungsweise *nicht zu*. Wie bereits bei der Auswertung der Frage 11 bestätigt, zeigen die Ergebnisse dieser Auswertung, dass die Mehrheit der Privatanleger zu der Verfügbarkeitsheuristik neigen. Demzufolge erinnern sich die Mehrheit der Privatanleger besser an die Ereignisse, die häufig auftreten und durch die Privatanleger miterlebt werden. Durch diese Auswertung wird die *siebte Hypothese* zur <u>Verfügbarkeitsheuristik </u>erneut verifiziert.

Die Auswertung der zweiten Aussage zeigt, dass 59 der 208 Befragten sich für die erste und 121 Befragte sich für die zweite Antwortmöglichkeit entscheiden. Demnach berücksichtigen insgesamt 86,54 % der Befragten neue Informationen bei der Entscheidungsfindung, die ihre Meinung und Erwartung bestätigen. Lediglich 9,62 % aller Befragten wählen die Antwortmöglichkeit *trifft eher nicht zu* und 3,85 % die Antwortmöglichkeit *trifft nicht zu* aus. Folglich wird die selektive Informationswahrnehmung, die in dem Kapitel 4.2 erläutert wurde, durch diese Auswertung belegt. Demnach konzentrieren sich fast alle Privatanleger auf solche Informationen, die ihre Meinung, Erwartungen und Wünsche bestätigen. Daher wird die **siebte Hypothese** zur <u>selektiven Informationswahrnehmung</u> bekräftigt.

In der dritten Aussage wird geprüft, ob die Teilnehmer sich bei Entscheidungen zur Kapitalanlage am Verhalten anderer Menschen orientieren. Hierbei wählen ausschließlich 14 Befragte die Antwortmöglichkeit *trifft völlig zu* und 64 der 208 Befragten die Antwortmöglichkeit der *trifft eher zu* aus. Gemeinsam bestimmen diese 37,50 % aller Befragten. Weitere 96 der 208 Befragten entscheiden sich für die Antwortmöglichkeit *trifft eher nicht zu* und weitere 34 für die Antwortmöglichkeit *trifft nicht zu*. Demzufolge zeigen insgesamt 62,50 % und demzufolge die Mehrheit der 208 Befragten, dass diese Aussage *eher nicht* oder *nicht zu trifft* und diese sich bei Entscheidungen zur Kapitalanlage nicht am Verhalten anderer Menschen orientieren. Dieser Auswertung zufolge wird die **siebte Hypothese** zum <u>Herdenverhalten</u> falsifiziert.

Die Auswertung der darauffolgenden Aussage zeigt, ob die Anlageentscheidungen der Befragten auf Kursprognosen Anderer basieren. Nur 16 aller Befragten wählen die erste und 56 der 208 Befragten die zweite Antwortmöglichkeit aus. Dementsprechend basieren die Anlageentscheidungen nur von insgesamt 34,62 % der 208 Befragten auf die Kursprognosen Dritter. Im Gegensatz dazu entscheiden sich 96 der Teilnehmer für die Antwort *trifft eher nicht zu* und weitere 40 Befragte für die Antwort *trifft nicht zu*. Daher *trifft* diese Aussage für insgesamt 65,38 % aller Befragten *eher nicht* oder *nicht zu*. Diese orientieren sich nach ihrer eigenen Selbsteinschätzung nicht an zufälligen Bezugspunkten. Insofern wird die **siebte Hypothese** bezogen auf die <u>Ankerheuristik</u> wiederlegt.

Das Ergebnis der fünften Aussage präsentiert, dass insgesamt 124 der 208 Befragten im Rahmen der Kapitalanlage inländische Kapitalanlageinstrumente im Vergleich zu ausländischen Kapitalanlagen bevorzugen. Demnach wählen 19,23 % die erste Antwortmöglichkeit und 40,38 % die zweite Antwortmöglichkeit aus. Folglich geben insgesamt 40,38 % der Befragten an, dass diese Aussage *eher nicht* beziehungsweise *nicht zu trifft*. Daher zeigt diese Auswertung, dass die Mehrheit der Befragten bei der Kapitalanlage die inländischen Kapitalanlageinstrumente bevorzugen. Diese Erkenntnis bekräftigt die ***siebte Hypothese*** zum <u>Ambiguitätsaversion</u>.

Die Auswertung der nächsten Aussage zeigt, dass insgesamt 81 der 208 Befragten angeben, dass sie für jedes Sparziel ein separates Konto oder Portfolio nutzen. Im Vergleich hierzu entscheiden sich 61,06 % der Befragten für die dritte und vierte Antwortmöglichkeiten. Infolgedessen *trifft* diese Aussage für 127 der Befragten *eher nicht* oder *nicht zu*. Diese zeigt, dass die Mehrheit der Befragten kein separates Konto oder Portfolio für jedes Ziel der Vermögensanlage halten und daher die Kapitalanlagen in einem Gesamtbild betrachten. Allerdings kann dieser Auswertung zufolge nicht überprüft werden, ob Anleger geistige Konten bilden und dadurch jede finanzielle Aktivität gesondert voneinander betrachten. Daher wird die ***siebte Hypothese*** zur <u>mentalen Buchführung</u> weder bestätigt noch entkräftet.

Die Auswertung der siebten Aussage unterstützt die Überprüfung der aufgestellten Hypothese im Zusammenhang der Heuristik Reueaversion. Die Theorie stellt im Rahmen dieser Heuristik dar, dass Privatanleger den Nichtkauf von Wertpapieren auf Empfehlung deren Berater bereuen, wenn die Kurse nach einer bestimmten Zeit stark ansteigen. Allerdings zeigt die Auswertung der Ergebnisse dieser Aussage, dass nur insgesamt 79 der 208 Befragten diese Reue empfinden. Die erste Antwortmöglichkeit wählen 30, die zweite 49, die dritte 64 und die vierte Antwortmöglichkeit insgesamt 65 Befragte aus. Folglich *trifft* diese Aussage für insgesamt 62,02 % der Befragten *eher nicht* oder *nicht zu*. Demzufolge wird die ***siebte Hypothese*** bezogen auf die Verhaltensregel <u>Reueaversion</u> wiederlegt.

Die achte Aussage dient zur Überprüfung der aufgestellten Hypothese im Zusammenhang mit der Heuristik Selbstkontroll-Effekt. Das Ergebnis der Auswertung der Teilnehmerfragebögen zeigt, dass insgesamt 91 der 208 Befragten aufgrund der mangelnden Selbstdisziplin des Öfteren ihre Sparziele unterbrechen. Hiervon entscheiden sich nur 15,38 % der Befragten für die Antwortmöglichkeit *trifft völlig zu* und 28,37 % für die Antwortmöglichkeit *trifft eher zu*. Im Gegensatz dazu wählen 31,25 % der Befragten die Antwortmöglichkeit *trifft eher nicht zu* und 25,00 % die Antwort *trifft nicht zu* aus. Demnach *trifft* diese Aussage für insgesamt 56,25 % Befragten *eher nicht* oder *nicht zu*. Folglich weisen nur die Minderheit der Privatanleger dieses Verhaltensmuster auf. Insofern wird die ***siebte Hypothese*** bezogen auf die Heuristik <u>Selbstkontroll-Effekt</u> entkräftet.

Die Auswertung der darauffolgenden Aussage zeigt, ob Privatanleger solange in eine bereits erworbene Kapitalanlage investieren beziehungsweise diese solange behalten, bis der gewünschte Erfolg erreicht ist. Bei der Auswertung der Fragebögen fällt der Verfasserin auf, dass insgesamt 141 der 208 Befragten der Aussage *eher* bis zu *völlig zu stimmen*. Demnach behalten 67,79 % der Befragten eine Kapitalanlage, die einen Verlust aufweisen, solange, bis der gewünschte Gewinn erzielt wird. Lediglich 44 der Befragten entscheiden sich für die dritte und 23 für die vierte Antwortmöglichkeit. Insofern *trifft* diese Aussage für insgesamt 32,21 % der Befragten *nicht* oder *eher nicht zu*. Dieser Auswertung zufolge resultiert das Ergebnis, dass die Mehrheit der Privatanleger eine Kapitalanlage solange behalten, bis der gewünschte Gewinn erreicht wird. Dieses Resultat bekräftigt die **siebte Hypothese** im Zusammenhang der Heuristik <u>selektives Entscheiden</u>.

In der zehnten Aussage wird überprüft, ob sich die Befragten für die Konsequenzen der Entscheidungen, die sie mitbestimmen, mitverantwortlich empfinden. Diese dient zur Überprüfung der Heuristik Verlustaversion. Die Auswertung der Fragebögen zeigt, dass 105 der 208 Befragten die Aussage als *völlig zutreffend* und weitere 81 als *eher zutreffend* einstufen. Insgesamt *trifft* diese Aussage für 89,42 % aller Befragten *eher* bis *völlig zu*. Lediglich 10,58 % der Befragten wählen die dritte und vierte Antwortmöglichkeit aus. Daher resultiert das Ergebnis, dass sich die Mehrheit der Anleger infolge von Entscheidungen für die Konsequenzen verantwortlich fühlen. Demzufolge führen realisierte Verluste nach Fehlentscheidungen zu größeren Emotionen. Dieses Verhalten tritt auch als Folge von Fehlentscheidungen bei der Kapitalanlage auf. Folglich wird die **siebte Hypothese** zum <u>Verlustaversion</u> verifiziert.

Die Aussage elf tritt in der Theorie als Folge der Aussage 13 im Rahmen der Heuristik Selbstzuschreibung auf. Daher wird im ersten Schritt die letzte Aussage ausgewertet. Die Auswertung zeigt, dass insgesamt 143 der 208 Befragten die erste und zweite Antwortmöglichkeit auswählen. Hiervon geben 19,71 % an, dass die Aussage über die Selbstzuschreibung von Erfolgen *völlig zutrifft* und 49,04 % geben an, dass die Aussage *eher zutrifft*. Lediglich 31,25 % der Befragten *stimmen* dieser Aussage *eher nicht* beziehungsweise *nicht zu*. Daher resultiert, dass die Mehrheit der Befragten und daher auch die Mehrheit der Privatanleger die eigene Verantwortung für Erfolge überschätzen und diese ihrem eigenen Können und ihren eigenen Fähigkeiten zuschreiben. Die Auswertung der elften Aussage zeigt, ob die Befragten, die ihre Verantwortung für Erfolge überschätzen, höhere Risiken eingehen, um höhere Renditen zu erreichen. Bei dieser Frage entscheiden sich insgesamt

74 und somit 51,75 % der 143 Befragten, die bei der Aussage 13 die ersten beiden Antwortmöglichkeiten auswählen, für die Antwortmöglichkeit *trifft völlig* und *trifft eher zu*. Im Vergleich hierzu wertet die Verfasserin die Aussage 11 mit den Fragebögen aus, die bei der Aussage 13 die Antwortmöglichkeiten *trifft eher nicht zu* und *trifft nicht zu* angeben. Hiervon stimmen insgesamt nur 30 und somit 46,15 % der 65 Befragten bei der Aussage 11 für die erste und zweite Antwortmöglichkeit. Diese Ergebnisse bestätigen erneut das Verhalten, dass die Mehrheit der Privatanleger die eigene Verantwortung für Erfolge überschätzen. Sie schreiben diese ihrem eigenen Können und ihren eigenen Fähigkeiten zu und gehen infolgedessen höhere Risiken ein, um höhere Gewinne zu erreichen. Demzufolge wird die **siebte Hypothese** bezogen auf die Heuristik <u>Selbstzuschreibung</u> erneut verifiziert.

Die Auswertung der 12. Aussage dient zur Überprüfung der aufgestellten Hypothese im Zusammenhang der Heuristik Rückschau-Effekt. Wie in Kapitel 4.3 bereits dargestellt, beschreibt diese Heuristik, dass Anleger die Eintrittswahrscheinlichkeit eines Ereignisses im Nachhinein höher einschätzen als sie es vor dem Eintritt des Ereignisses geschätzt haben. Daher überschätzen Privatanleger ihre Fähigkeiten, indem sie vor dem Eintreten eines Ereignisses glauben, den Ausgang dieser absehen zu können. Die Auswertung der 12. Aussage zeigt, dass insgesamt nur 42 und somit 31 % der 208 Befragten glauben, dass sie Fähigkeit dafür besitzen, den Ausgang eines Ereignisses vor dem Eintreten absehen zu können. Im Gegensatz dazu wählen insgesamt 57,69 % der 208 Befragten die dritte und vierte Antwortmöglichkeit aus. Hiervon entscheiden sich 81 Befragte für die Antwortmöglichkeit *trifft eher nicht zu* und 39 für *trifft nicht zu*. Insofern wird die **siebte Hypothese** bezogen auf die Heuristik <u>Rückschau-Effekt</u> entkräftet.

Folglich werden über die Auswertung der durchgeführten quantitativen Datenerhebung die 7. Hypothese zu folgenden Heurisiken verifiziert beziehungsweise falsifiziert:

7. Hypothese verifiziert	7. Hypothese falsifiziert
• Selbstzuschreibung • Verfügbarkeitsheuristik • Repräsentativitätsheuristik • Dispositionseffekt • Besitztums-Effekt • Selektive Informationswahrnehmung • Ambiguitätsaversion • Selektives Entscheiden • Verlustaversion	• Risikowahrnehmung • Darstellungseffekt • Selbstüberschätzung • Herdenverhalten • Ankerheuristik • Reueaversion • Selbstkontroll-Effekt • Rückschau-Effekt

Tab. 6: Übersicht der Ergebnisse zur Überprüfung der 7. Hypothese[262]

Die Theorie zu der Heuristik mentale Buchführung wird aufgrund fehlender Daten weder bestätigt noch entkräftet.

---

[262] Eigene Darstellung.

6 Ergebnis

Aus den vorherrschenden und in dieser Arbeit dargestellten Theorien ist zu erkennen, dass für eine langfristig erfolgreiche private Vermögensbildung eine individuell strukturierte Anlage des Vermögens erforderlich ist. Dabei ist die Strukturierung der Kapitalanlage von unterschiedlichen Faktoren abhängig, wie z.B. der Lebensphase des Privatanlegers, den Anlagezielen und insbesondere von dem Anlegerverhalten. Das Anlegerverhalten wird in dieser Arbeit im ersten Schritt im Rahmen des financial behavior dargestellt. Hierbei handelt es sich um die Frage, wie Anleger unter Berücksichtigung des finanziellen Wissens mit ihrem Kapital umgehen. Diese steht mit den Verhaltensmustern der Behavioral Finance in einem engen Zusammenhang. Die verhaltensorientierte Finanzmarktforschung Behavioral Finance hinterfragt und wiederlegt die Annahmen der neoklassischen Kapitalmarkttheorie bezogen auf das rationale Anlegerverhalten. Die Behavioral Finance untersucht mit Hilfe der Heuristiken das Anlegerverhalten, das mit dem Homo Oeconomicus nicht gleichgültig ist. Folglich verhalten sich Anleger im Informations- und Entscheidungsprozess der Kapitalanlage durch naturwissenschaftliche und psychologische Faktoren begrenzt rational.

Mit Hilfe der Zusammenfassung der Umfrageergebnisse wird nachfolgend die Forschungsfrage dieser Bachelorarbeit, ob Anleger mit finanzspezifischem Wissen bei der privaten Vermögensbildung rationale Entscheidungen treffen können und somit bessere Anlageerfolge als Anleger ohne finanzspezifisches Wissen erreichen, beantwortet:

- Die Untersuchungen zum financial behavior zeigen, dass sich die Mehrheit der Anleger für das finanzspezifische Hintergrundwissen interessieren. Allerdings kann nur jeder dritte Anleger die Selbsteinschätzung zu ihrem Wissensstand richtig vornehmen. Demzufolge wird der Wissensstand durch die Mehrheit der Privatanleger überschätzt.

- Privatanleger, die ausreichendes Finanzwissen besitzen, nehmen bei der privaten Vermögensbildung eine breitere Streuung in unterschiedliche Kapitalanlagen vor als Anleger, die kein oder kein ausreichendes Finanzwissen besitzen.

- Nur jeder fünfte Privatanleger überlässt die Vermögensstrukturierung dem Berater.

- Die Mehrheit der Privatanleger bevorzugen bei Kapitalanlagen die Liquidität einer Anlage und nutzen daher mittel- bis hochsichere Kapitalanlagen.

- Darüber hinaus zeigen weibliche Anleger für das Thema Finanzen grundsätzlich weniger Interesse auf und besitzen einen geringeren Wissensstand als männliche Anleger.

- Zudem interessieren sich Anleger, die eine Ausbildung oder ein Studium mit einem wirtschaftlichen Schwerpunkt absolviert haben, mehr für das Thema Finanzen als Privatanleger, die keinen wirtschaftlichen Schwerpunkt hatten.

- Privatanleger, die ausreichendes Finanzwissen besitzen, weisen bei der Vermögensbildung höhere Vermögenswerte als Anleger ohne ausreichendes Finanzwissen auf.

- Die Hälfte der überprüften Heuristiken der Behavioral Finance werden über die Umfrageergebnisse bestätigt. Diese zeigt, dass Privatanleger nach ihrer eigenen Einschätzung einen Teil der Fehler, die in der Kapitalanlage durch die Verhaltensanomalien zu falschen Entscheidungen führen, nicht begehen. Allerdings können diese Fehler in der Realität durch unbewusstes Denken und Handeln bei Entscheidungen entstehen.

Angesichts dieser Ergebnisse zeigen Anleger mit finanzspezifischem Hintergrundwissen grundsätzlich ein rationaleres Anlegerverhalten und demzufolge bessere Anlageerfolge als Anleger ohne beziehungsweise ohne ausreichendes Wissen auf. Bessere Anlageerfolge führen zu einem höheren Vermögen und folglich zu einem besseren Wohlstand. Allerdings bestehen bei der Mehrheit der Anleger Defizite in der allgemeinen Finanzbildung. Daher ist es eine enorm wichtige gesellschaftliche Aufgabe, die Bevölkerung in Deutschland in ihrer allgemeinen Finanzbildung besser aufzuklären.

Damit Privatanleger optimale Kapitalanlageentscheidungen bei der privaten Vermögensbildung treffen und Verhaltensfehler vermeiden, ist besonders bei Gesprächen mit Finanz- und Bankberatern der Einsatz der Erkenntnisse aus der Behavioral Finance notwendig. Um diese in der Zukunft zu verbessern, sind im ersten Schritt wiederkehrende Bildungsmaßnahmen erforderlich, die den Beratern die notwendigen Kenntnisse zum Thema Anlegerverhalten und Behavioral Finance übermitteln und zu Bewusstsein bringen. Im zweiten Schritt sind diese bei Gesprächen mit den Privatanlegern miteinzubinden. Dabei ist es erforderlich, dass die Berater regelmäßig, z.B. bei Jahresgesprächen, die Anlageziele und die bestehenden Anlagen überprüfen und diese mit den Anlegern besprechen. Zudem ist es erforderlich, dass die Berater zukünftig die Rolle eines Finanzcoachs einnehmen, damit die Anleger ihre finanziellen Ziele besser erreichen. Um hierbei die Anleger vor falschen Entscheidungen bei der Kapitalanlage für die private Vermögensbildung abzuhalten, ist es notwendig, dass die Berater die Erkenntnisse aus der Behavioral Finance einsetzen. Daher ist hauptsächlich der Einsatz und das Interesse der Finanz- und Bankberater für die Verbesserung des Finanzwissens und der Erfolge bei der Vermögensbildung der Privatanleger erforderlich. Eine weitere Maßnahme, die zur Verbesserung der aktuellen Situationen beitragen kann, sind öffentliche Vorträge zur allgemeinen Finanzbildung und zum Thema Behavioral Finance, die sich in einem bestimmten Zeitabstand wiederholen. Die Wiederholung der Vorträge in bestimmten Zeitabständen ist besonders wichtig, damit die möglichen Fehler, die bei der Kapitalanlage entstehen können, zu Bewusstsein gebracht werden. Zwar finden zu diesen Themen hin und wieder Vorträge statt, allerdings sind diese nicht weit verbreitet oder für Privatanleger nicht zugänglich. Außerdem können im digitalen Zeitalter die digitalen Medien für das qualitative Lehren und Lernen zum Thema Finanzen und der notwendigen Kenntnisse aus der Behavioral Finance eingesetzt werden.

Quellenverzeichnisse

Literaturverzeichnis

Aeppli, J. et al. (2014): Empirisches wissenschaftliches Arbeiten. Ein Studienbuch für die Bildungswissenschaften. 3. Aufl., Bad Heilbrunn.

Bätscher, R./Piller, M. (2003): Management des Finanzplanungsprozesses. In: Krauss, P. (Hrsg.): Neue Kunden mit Financial Planning. Strategien für die erfolgreiche Finanz- und Vermögensberatung. 1. Aufl., Wiesbaden, S. 1-32.

Ben-David, I. (2010): Dividend Policy Decisions. In: Baker, H./Nofsinger, J. (Hrsg.): BEHAVIORAL FINANCE. Investors, Corporations, and Markets. Hoboken, New Jersey, S. 435-452.

Beck, N. (2001): Kontinuität des Wandels. Inkrementale Änderungen einer Organisation. 1. Aufl., Wiesbaden.

Böckhoff, M./Stracke, G. (2004): Der Finanzplaner. Handbuch der privaten Finanzplanung und individuellen Finanzberatung. 2. Aufl., Heidelberg.

Bräutigam, C. (2004): Effizienzprobleme an Finanzmärkten. Analyse des deutschen Aktien-, Renten-, Geld- und Devisenmarktes unter Verwendung von ARIMA- und GARCH-Modellen. 1. Aufl., Marburg.

Brunner, M. (Hrsg.) (2009): Kapitalanlage mit Immobilien. Produkte – Märkte – Strategien. 1. Aufl., Wiesbaden.

Bundesministerium der Finanzen (Hrsg.) (2017): Herausforderungen der Niedrigzinsphase für die Finanzpolitik. Gutachten des Wissenschaftlichen Beirats beim Bundesministerium der Finanzen, Nr. 2/2017. Berlin.

Daxhammer, R./Facsar, M. (2017): Behavioral Finance. Verhaltenswissenschaftliche Finanzmarktforschung im Lichte begrenzt rationaler Marktteilnehmer. 2. Aufl., Konstanz, München.

Deutsche Bundesbank (Hrsg.) (2017): Datengrundlage zur Berechnung der realen Verzinsung von Bankeinlagen deutscher Privathaushalte. In: Deutsche Bundesbank Monatsbericht, Nr. 07/2017, S. 102-107.

Dommermuth, T./Hauer, M./Nobis, F. (2012): Geldanlage von A–Z. 3. Aufl., Freiburg.

Döring, N./Bortz, J. (2016): Forschungsmethoden und Evaluation in den Sozial- und Humanwissenschaften. 5. Aufl., Berlin, Heidelberg.

Ebster, C./Stalzer, L. (2017): Wissenschaftliches Arbeiten für Wirtschafts- und Sozialwissenschaftler. 5. Aufl., Wien.

Eckert, S. (2018): Wirkungsorientiertes Investieren in Deutschland – Anlagebereitschaft, Erfordernisse und Potenzial hochvermögender deutscher Investoren. Eine Analyse der Bedürfnisstrukturen hochvermögender Anleger im Kontext der Behavioral Finance. Wiesbaden.

Eisenführ, F./Weber, M. (2003): Rationales Entscheiden. 4. Aufl., Berlin, Heidelberg.

Esch, F./Herrmann, A./Sattler, H. (2013): Marketing. Eine managementorientierte Einführung. 4. Aufl., München.

Fama, E. (1970): Efficient Capital Markets: A Review of Theory and Empirical Work. In: The Journal of Finance, Vol. 25, No. 02/1970, S. 383-417.

Fama, E./French, K. (2004): The Capital Asset Pricing Model: Theory and Evidence. In: The Journal of Finance, Vol. 18, No. 03/2004, S. 25-46.

Fischer, M./Wagner, D. (2017): Die Wissenslücken der Deutschen bei der Geldanlage. Eine empirische Untersuchung. Wiesbaden.

Franke, G./Hax, H. (2009): Finanzwirtschaft des Unternehmens und Kapitalmarkt. 6. Aufl., Berlin, Heidelberg.

Gaab, W. (1983): Devisenmärkte und Wechselkurse. Eine theoretische und empirische Analyse. Berlin.

Gehrig, B./Zimmermann, H. (1999): Fit for Finance. Theorie und Praxis der Kapitalanlage. Frankfurt.

Gerke, W./Bank, M. (2003): Finanzierung. Grundlagen für Investitions- und Finanzierungsentscheidungen in Unternehmen. 2. Aufl., Stuttgart.

Gider, J./Hackbarth, D. (2010): Financing Decisions. In: Baker, H./Nofsinger, J. (Hrsg.): BEHAVIORAL FINANCE. Investors, Corporations, and Markets. Hoboken, New Jersey, S. 393-412.

Goldberg, J./Nitzsch, R. (2015): Behavioral Finance. Gewinnen mit Kompetenz. 6. Aufl., München.

Gondring, H. (2015): Versicherungswirtschaft. Handbuch für Studium und Praxis. München.

Grohmann, A./Menkhoff, L. (2015): Schule, Eltern und finanzielle Bildung bestimmen das Finanzverhalten. In: DIW WOCHENBERICHT, Nr. 28/2015, S. 655-661.

Gross, J. (2018): Zwischen Optimismus und Angst. In: Euro am Sonntag, Nr. 42/2018, S. 26-28.

Günther, S. et al. (2012): Portfolio-Management. Theorie und Anwendung. 5. Aufl., Frankfurt am Main.

Haase, S. (2016): Der Dispositionseffekt als relevantes Anlegerverhalten. Einführung in die Erklärungsansätze und in die empirischen Befunde. Wiesbaden.

Hagemeister, M. (2010): Die Schätzung erwarteter Renditen in der modernen Kapitalmarkttheorie. Implizit erwartete Renditen und ihr Einsatz in Kapitalmarktmodell-Tests und Portfoliooptimierung. 1. Aufl., Wiesbaden.

Häusel, H. (2015): Top Seller. Was Spitzenverkäufer von der Hirnforschung lernen können. 1. Aufl., Freiburg.

Hennecke, P. (2017): Wie stark und schnell wurden die Niedrigzinsen an Bankkunden weitergereicht?. In: Wirtschaftsdienst, Vol. 97, Nr. 10/2017, S. 733-740.

Holle, V. (2018): Ökonomie 4.0. Warum wir eine neue ökonomische Theorie brauchen. Wiesbaden.

Jacob, M. (2012): Asset Management. Anlageinstrumente, Marktteilnehmer und Prozesse. Wiesbaden.

Kahneman, D. (2011): Thinking, Fast and Slow. New York.

Kahneman, D./Tversky, A. (1979): Prospect Theory: An Analysis of Decision under Risk. In: Econometrica, Vol. 47, No. 02/1979, S. 263-291.

Kaminski, H./Friebel, S. (2012): Arbeitspapier „Finanzielle Allgemeinbildung als Bestandteil der ökonomischen Bildung". Oldenburg.

Keller, H. (2013): Praxishandbuch Finanzwissen. Steuern – Altersvorsorge – Rechtsfragen. Wiesbaden.

Kiehling, H. (2001): Börsenpsychologie und Behavioral Finance. Wahrnehmung und Verhalten am Aktienmarkt. München.

Kirchner, C. (2018): Beweislage mangelhaft. In: Capital, Nr. 05/2018, S. 90.

Kommer, G. (2009): Die Buy-and-Hold-Bibel. Was Anleger für langfristigen Erfolg wissen müssen. Frankfurt am Main.

Kommer, G. (2015): Souverän investieren mit Indexfonds und ETFs. Wie Privatanleger das Spiel gegen die Finanzbranche gewinnen. 4. Aufl., Frankfurt am Main.

Kuckartz, U. (2014): Mixed Methods. Methodologie, Forschungsdesigns und Analyseverfahren. Wiesbaden.

Laux, H./Gillenkirch, R./Schenk-Mathes, H. (2018): Entscheidungstheorie. 10. Aufl., Berlin.

Leugermann, P. (2018): Wo die Psyche Anlegern ein Bein stellt, wie Aktionäre ihr Selbst überlisten. In: Euro am Sonntag, Nr. 47/2018, S. 28-29.

Leven, F./Schlienkamp, C. (1998): Erfolgreiches Depotmanagement. Wie Ihnen die moderne Portfoliotheorie hilft. Wiesbaden.

Lindmayer, P./Dietz, H. (2019): Geldanlage und Steuer 2019. Ihr zuverlässiger Begleiter zur Absicherung und Renditeoptimierung. Wiesbaden.

Markowitz, H. (1952): Portfolio Selection. In: The Journal of Finance, Vol. 7, No. 01/1952, S. 77-91.

May, H. (2007): Geldanlage. Vermögensbildung. 3. Aufl., München.

Mitternacht, E./Ruesch, A. (1995): Mehr Gewinn durch systematische Vermögensplanung. Strategien zum Vermögensaufbau. Wiesbaden.

Moll, V. (2011): Handbuch Geldanlage. München.

Mondello, E. (2015): Portfoliomanagement. Theorie und Anwendungsbeispiele. 2. Aufl., Wiesbaden.

Mondello, E. (2017): Finance. Theorie und Anwendungsbeispiele. Wiesbaden.

Oehler, A. (2000): Behavioral Finance. Theoretische, empirische und experimentelle Befunde unter Marktrelevanz. In: Bank-Archiv: Zeitschrift für das gesamte Bank- und Börsenwesen, Vol. 48, No. 11/2000, S. 978-989.

Pelzmann, L. (2012): Wirtschaftspsychologie. Behavioral Economics, Behavioral Finance, Arbeitswelt. 6. Aufl., Wien.

Perridon, L./Steiner, M./Rathgeber, A. (2017): Finanzwirtschaft der Unternehmung. 17. Aufl., München.

Peterreins, H. (2008): Grundsätze soliden Investierens. In zehn Schritten zu nachhaltigem Anlageerfolg. 1. Aufl., Wiesbaden.

Pohl, D. (2009): Sichere Geldanlage. Freiburg.

Pompian, M. (2006): Behavioral Finance and Wealth Management. How to Build Optimal Portfolios. That Account for Investor Biases. New Jersey.

Porst, R. (2014): Fragebogen. Ein Arbeitsbuch. 4. Aufl., Wiesbaden.

Raab, G./Unger, A./Unger, F. (2016): Marktpsychologie. Grundlagen und Anwendung. 4. Aufl., Wiesbaden.

Raaij, W. (2016): Understanding Consumer Financial Behavior. Money Management in an Age of Financial Illiteracy. 1. Aufl., London, New York.

Raithel, J. (2008): Quantitative Forschung. Ein Praxiskurs. 2. Aufl., Wiesbaden.

Roßbach, P. (2001): Behavioral Finance. Eine Alternative zur vorherrschenden Kapitalmarkttheorie?. In: Arbeitsberichte der Hochschule für Bankwirtschaft, Nr. 31, Frankfurt am Main.

Schlütz, J./Springer, C./Seipel, A. (2008): Financial Planning 3. Anlageinstrumente. Finanzanlagen, Immobilieninvestments, Beteiligungen, Versicherungen. Stuttgart.

Schmidt, G. (2016): Persönliche Finanzplanung. Modelle und Methoden des Financial Planning. 3. Aufl., Berlin, Heidelberg.

Schriek, R. (2009): Besser mit Behavioral Finance. Finanzpsychologie in Theorie und Praxis. 1.Aufl., München.

Sharpe, W./Alexander, G./Bailey, J. (1999): Investments. 6. Aufl., New Jersey.

Söhnholz, D./Rieken, S./Kaiser, D. (2010): Asset Allocation, Risiko-Overlay und Manager-Selektion. Das Diversifikationsbuch. 1. Aufl., Wiesbaden.

Steiner, M./Bruns, C./Stöckl, S. (2017): Wertpapiermanagement. Professionelle Wertpapieranalyse und Portfoliostrukturierung. 11. Aufl., Stuttgart.

Stock, C./Goldberg, J. (2013): Genial einfach entscheiden. Besser denken, handeln und investieren im täglichen Entscheidungsdschungel. 1. Aufl., München.

Suntum, U. (2005): Die unsichtbare Hand. Ökonomisches Denken gestern und heute. 3. Aufl., Berlin, Heidelberg.

Wahren, H. (2009): Anlegerpsychologie. 1. Aufl., Wiesbaden.

Wienkamp, H. (2019): Anreiz, Risiko, Ruin – Finanzpsychologie für jedermann!. Berlin.

Woeckener, B. (2014): Mikroökonomik. Eine Einführung. 3. Aufl., Berlin, Heidelberg.

Zimmerer, T. (2006): Constant Proportion Portfolio Insurance: Wertsicherungs- oder Absolute Return-Konzept?. In: FINANZ BETRIEB, Nr. 02/2016, S. 97-106.

Zorn, V. (2016): Die Wirtschaft im Überblick. 2. Aufl., Wien.

Verzeichnis der Internetquellen

Allianz (Hrsg.) (2019): Allianz Global Wealth Map, https://www.allianz.com/de/economic_research/research-data/weltkarte-der-vermoegen.html (Stand: 22.04.2019).

boerse.ARD.de (Hrsg.) (2015): So gering ist das Finanzwissen auf dieser Welt, https://boerse.ard.de/boersenwissen/so-gering-ist-das-finanzwissen-auf-dieser-welt100.html (Stand: 14.04.2019).

Deutsche Bundesbank (Hrsg.) (2019a): Zeitreihe BBK01.CEF00J: Geldvermögen insgesamt Schuldner: Sektoren insgesamt Gläubiger: Private Haushalte, https://www.bundesbank.de/dynamic/action/de/statistiken/zeitreihen-datenbanken/zeitreihen-datenbank/723452/723452?tsId=BBK01.CEF00J (Stand: 29.04.2019).

Deutsche Bundesbank (Hrsg.) (2019b): Realzinssätze auf Bankeinlagen, https://www.bundesbank.de/de/statistiken/geld-und-kapitalmaerkte/zinssaetze-und-renditen/realzinssaetze-auf-bankeinlagen-615578 (Stand: 06.04.2019).

Deutsche Bundesbank (Hrsg.) (2019c): Zeitreihe BBK01.CEFT0J: Spareinlagen Schuldner: Sektoren insgesamt Gläubiger: Private Haushalte, https://www.bundesbank.de/dynamic/action/de/statistiken/zeitreihen-datenbanken/zeitreihen-datenbank/723452/723452?tsId=BBK01.CEFT0J&listId=www_v1f_14gv2 (Stand: 29.04.2019).

Hock, M. (2015): Finanzielle Alphabetisierung. Zwei von drei Menschen verstehen nichts von Finanzen, https://www.faz.net/aktuell/finanzen/meine-finanzen/sparen-und-geld-anlegen/nur-jeder-dritte-weltweit-ist-finanziell-alphabetisiert-13934267.html (Stand: 14.04.2019).

Kurz, C. (2018): Irrationales Anlegerverhalten. Das Einmaleins der Behavioral Finance, https://www.private-banking-magazin.de/behavioral-finance-teil-1-der-mensch-ist-kein-homo-oeconomicus/ (Stand: 22.04.2019).

Morrien, R. (o.J.): Marktanalysen. Studie: Schlechtes Finanzwissen in Deutschland und Europa, https://www.gevestor.de/details/studie-schlechtes-finanzwissen-in-deutschland-und-europa-794166.html (Stand: 22.04.2019).

OECD (Hrsg.) (2005): RECOMMENDATION ON PRINCIPLES AND GOOD PRACTICES FOR FINANCIAL EDUCATION AND AWARENESS. https://www.oecd.org/daf/fin/financial-education/35108560.pdf (Stand: 14.04.2019).

Rezmer, A. (2019): Anlegerverhalten. Warum die Deutschen Angst vor Aktien haben, https://www.handelsblatt.com/finanzen/anlagestrategie/trends/anlegerverhalten-warum-die-deutschen-angst-vor-aktien-haben/23918372.html?ticket=ST-1607970-wxnqJaPJgKGBmTvnztHZ-ap3 (Stand: 22.04.2019).

Anhang

Anlagenverzeichnis

Anlage 1: Auswertung des Fragebogens der Online-Befragung

Frage 1: Welche Anlageprodukte nutzen Sie zur privaten Vermögensbildung?

Antworten		
Optionen	Häufig-keit	Anteil
Tagesgeld, Festgeld	102	49,04%
Lebens-/Rentenversicherung	94	45,19%
Anleihen	9	4,33%
Aktien	45	21,63%
Investmentfonds	70	33,65%
Immobilien	54	25,96%
Bausparen	77	37,02%
Sonstige, wie z.B. Gold, Rohstoffe	36	17,31%
bilde kein Vermögen	17	8,17%
Anzahl Befragte	208	-

Frage 2: Wer bestimmt, welche Anlageprodukte Sie für die Vermögensbildung nutzen?

Antworten		
Optionen	Häufigkeit	Anteil
Ich selbst	161	77,40%
mein Finanz-/Bankberater	43	20,67%
Andere:	4	1,92%
Summe	208	100%

Frage 3: Wie häufig informieren Sie sich über Ihr Depot?

Antworten		
Optionen	Häufig-keit	Anteil
täglich	19	17,27%
wöchentlich	37	33,64%
monatlich	28	25,45%
jährlich	15	13,64%
gar nicht	11	10%
Summe	110	100%

Frage 4: Wie häufig informieren Sie sich zu wirtschaftlichen Hintergründen Ihrer Wertpapieranlagen?

Antworten		
Optionen	**Häufigkeit**	**Anteil**
täglich	14	12,73%
wöchentlich	22	20%
monatlich	14	12,73%
jährlich	27	24,55%
gar nicht	33	30%
Summe	**110**	**100%**

Frage 5: Welche Quellen nutzen Sie dabei zur Informationsbeschaffung?

Antworten		
Optionen	**Häufigkeit**	**Anteil**
Tages-/Wirtschaftszeitungen	32	41,56%
TV	17	22,08%
Radio	8	10,39%
Internet	66	85,71%
Bücher	7	9,09%
Fachseminare	12	15,58%
Unternehmenspublikationen	15	19,48%
Andere:	7	9,09%
Anzahl Befragte	77	-

Frage 6: Wie wichtig ist Ihnen die Liquidität Ihrer Geldanlage zur Vermögensbildung?

Antworten		
Optionen	Häufigkeit	Anteil
0 = gar nicht wichtig	13	6,25%
20 = nicht wichtig	20	9,62%
40 = eher weniger wichtig	35	16,83%
60 = eher wichtig	64	30,77%
80 = wichtig	36	17,31%
100 = sehr wichtig	40	19,23%
Summe	208	100%

Frage 7: Was ist Ihnen bei der Geldanlage wichtiger, eine hohe Sicherheit oder eine angemessene Rendite?

Antworten		
Optionen	Häufig-keit	Anteil
0 = Sicherheit	13	6,25%
10	10	4,81%
20	25	12,02%
30	33	15,87%
40	22	10,58%
50	33	15,87%
60	14	6,73%
70	21	10,10%
80	14	6,73%
90	10	4,81%
100 = Rendite	13	6,25%
Summe	208	100%

Frage 8: Interessieren Sie sich für das spezifische Finanzwissen, welches für eine erfolgreiche Geldanlage notwendig ist?

Antworten		
Optionen	Häufig-keit	Anteil
Ja, ich interessiere mich für finanzspezifisches Hintergrundwissen, aber besitze noch Keines.	58	27,88%
Ja, ich interessiere mich dafür und bin der Meinung, dass ich bereits ausreichendes Finanzwissen besitze.	99	47,60%
Nein, ich interessiere mich nicht dafür, aber bin der Meinung, dass ich bereits ausreichendes Finanzwissen besitze.	22	10,58%
Nein, ich besitze kein spezifisches Finanzwissen und interessiere mich auch nicht dafür.	29	13,94%
Summe	208	100%

Frage 9: Nachfolgend finden Sie eine Reihe von Wissensfragen zu den unterschiedlichen Anlageprodukten für die Geldanlage. Bitte beantworten Sie alle Fragen!

Antworten							
Wissensfra-gen	Optionen						
	trifft zu	An-teil	trifft nicht zu	An-teil	weiß ich nicht	An-teil	Sum me
Festgelder eignen sich insbesondere für langfristige Geldanlagen in einer Niedrigzinsphase.	27	22,1 3%	78	63,9 3%	17	13,9 3%	122
Tagesgeldkonten sind flexibler als Festgeldkonten.	95	77,2 4%	16	13,0 1%	12	9,76 %	123
Über Gelder, die in Lebens-	11	8,94 %	100	81,3 0%	12	9,76 %	123

Antworten						
oder Rentenversicherungen investiert wurden, kann täglich ohne einen Nachteil verfügt werden.						
Die wichtigsten Merkmale einer Anleihe sind die Verzinsung, die Bonität der Emittenten, die Laufzeit und die Währung.	89	72,36%	11	8,94%	23	18,70%	123
Aktien sind Inhaberschuldverschreibungen.	22	18,03%	75	61,48%	25	20,49%	122
Es ist ausreichend, wenn im Portfolio des Anlegers zwei unterschiedliche Aktien enthalten sind.	14	11,38%	81	65,85%	28	22,76%	123
Private Anleger können nur mit großen Geldbeträgen in Investmentfonds investieren.	9	7,38%	100	81,97%	13	10,66%	122
Bausparverträge dienen insbesondere	19	15,57%	96	78,69%	7	5,74%	122

Antworten							
für die Altersvorsorge.							
Die Anlageziele Rentabilität, Sicherheit und Liquidität können alle gleichzeitig mit einem einzigen Anlageinstrument erreicht werden.	19	15,57%	83	68,03%	20	16,39%	122
= richtige Antwort							

Frage 10: Sind Sie mit Ihren bisherigen Anlageerfolgen, welche Sie durch Ihr Finanzwissen erreichen konnten, zufrieden?

Antworten		
Optionen	Häufigkeit	Anteil
ja	100	82,64%
nein	21	17,36%
Summe	121	100%

Frage 11: Angenommen Sie waren in der Vergangenheit bereits von einem Börsencrash betroffen. Nun gehen die Wertpapierkurse stark runter. Wie hoch schätzen Sie die Eintrittswahrscheinlichkeit für einen weiteren Börsencrash?

Antworten		
Optionen	Häufigkeit	Anteil
hoch	118	56,73%
niedrig	90	43,27%
Summe	208	100%

Frage 12: Angenommen Sie haben eine niedrige Risikobereitschaft. Beim Verkauf von Wertpapieren generieren Sie unerwartete Gewinne. Würden Sie nun risikoreiche Wertpapiere erwerben, um erneut Gewinne zu generieren?

Antworten		
Optionen	Häufig-keit	Anteil
ja	80	38,46%
nein	128	61,54%
Summe	208	100%

Frage 13: Angenommen in den Medien wird publiziert, dass der Kurs einer Aktie in der letzten Zeit angestiegen ist. Wie würden Sie sich verhalten?

Antworten		
Optionen	Häufig-keit	Anteil
Ich würde die Aktie direkt kaufen, um an den zukünftigen Kurssteigerungen (Gewinne) teilzuhaben.	46	22,12%
Ich würde mich noch weiter informieren und den Kursverlauf über eine längere Zeit untersuchen.	162	77,88%
Summe	208	100%

Frage 14: Linda ist 31 Jahre alt, sehr intelligent und sagt offen ihre Meinung. Sie hat Philosophie studiert. Während der Studienzeit beschäftigte sie sich intensiv mit Fragen der sozialen Gerechtigkeit, Diskriminierung und nahm auch an Anti-Atomkraft-Demonstrationen teil. Welche der folgenden Aussagen sehen Sie als wahrscheinlicher an?

Antworten		
Optionen	Häufig-keit	Anteil
Linda ist Bankangestellte	51	24,52%
Linda ist Bankangestellte und aktiv in der Frauenbewegung	157	75,48%
Summe	208	100%

Frage 15: Angenommen Sie haben mit Ihren Wertpapieren einen bestimmten Gewinn realisiert. Wie würden Sie weiter vorgehen?

Antworten		
Optionen	Häufig-keit	Anteil
Wertpapiere verkaufen, um Gewinne zu sichern.	115	55,29%
Wertpapiere behalten, um größere Gewinne zu erreichen.	93	44,71%
Summe	208	100%

Frage 16: Angenommen Sie erben eine Uhr, die aktuell auf dem Markt 50 € kostet. Allerdings hat die Uhr Ihrem Großvater gehört und hat im Krieg sein Leben gerettet, weil er sie in der rechten Brusttasche trug. Eine Kugel sei damals auf dem Deckel der Uhr abgeprallt. Nun bewundert ein Freund von Ihnen die Uhr und möchte sie kaufen. Wie viel würden Sie verlangen?

Antworten		
Optionen	Häufig-keit	Anteil
0-50 €	11	5,29%
50 €	22	10,58%
100 €	45	21,63%
500 €	130	62,50%
Summe	208	100%

Frage 17: Denken Sie, dass Sie mit Hilfe Ihrer Fähigkeiten und Kenntnisse Preisbewegungen auf dem Kapitalmarkt kontrollieren, das heißt den Markt schlagen können, um eine überdurchschnittliche Rendite zu erreichen?

Antworten		
Optionen	Häufig-keit	Anteil
ja	42	34,71%
nein	79	65,29%
Summe	121	100%

Frage 18: Angenommen Sie konnten den Markt nicht schlagen und daher keine Überrendite erreichen. Wer ist dafür verantwortlich?

Antworten		
Optionen	Häufig-keit	Anteil
Ich selber	19	45,24%
äußere Umstände / Andere	23	54,76%
Summe	42	100%

Frage 19: Sie werden nachfolgend eine Reihe von Aussagen über bestimmte Verhaltensweisen, Erfahrungen und Einstellungen zu unterschiedlichen Themen finden. Bitte beantworten Sie alle Fragen ehrlich und zügig, ohne lange zu überlegen.

Antworten (Teilnehmer 208)								
Wissensfragen	Optionen							
	trifft völlig zu	Anteil	trifft eher zu	Anteil	trifft eher nicht zu	Anteil	trifft nicht zu	Anteil
Ich kann mich an häufig auftretende Ereignisse besser erinnern als im Vergleich zu Ereignissen, die eher selten auftreten.	75	36,06%	77	37,02%	41	19,71%	15	7,21%
Ich berücksichtige bei Entscheidungen neue Informationen, die meine Meinung und Erwartung bestätigen.	59	28,37%	121	50,17%	20	9,62%	8	3,85%
Ich orientiere mich bei Entscheidungen über die Geldanlage am Verhalten anderer Menschen.	14	6,73%	64	30,77%	96	46,15%	34	16,35%
Meine Anlageentscheidungen basieren auf Kursprognosen Anderer.	16	7,69%	56	26,92%	96	46,15%	40	19,23%

Antworten (Teilnehmer 208)								
Ich bevorzuge inländische Geldanlagen im Vergleich zu ausländischen Geldanlagen.	40	19,23 %	84	40,38 %	47	22,60 %	37	17,79 %
Ich besitze für jedes Sparziel ein separates Konto/Portfolio.	26	12,50 %	55	26,44 %	66	31,73 %	61	29,33 %
Ich bereue im Nachhinein, Wertpapiere auf Empfehlung meines Beraters nicht gekauft zu haben, wenn diese nach einer bestimmten Zeit steigen.	30	14,42 %	49	23,56 %	64	30,77 %	65	31,25 %
Aufgrund mangelnder Selbstdisziplin unterbreche ich des Öfteren meine Sparziele.	32	15,38 %	59	28,37 %	65	31,25 %	52	25,00 %
Wenn ich Wertpapiere im Portfolio habe, die einen Verlust aufweisen, dann behalte ich diese solange bis ich den Kaufpreis bzw. gewünschten Gewinn erzielt habe.	54	25,96 %	87	41,83 %	44	21,15 %	23	11,06 %
Wenn ich Entscheidungen mitbestimmte, dann bin ich für die Konsequenzen mitverantwortlich.	105	50,48 %	81	38,94 %	17	8,17 %	5	2,40%
Ich gehe gerne Risiken ein, um höhere Renditen zu realisieren.	33	15,87 %	71	34,13 %	78	37,50 %	26	12,50 %
Ob ich einen Unfall habe oder nicht, hängt allein von meinem Verhalten ab.	18	8,65 %	70	33,65 %	81	38,94 %	39	18,75 %
Wenn ich bekomme, was ich will, so ist das immer eine Folge meines Könnens.	41	19,71 %	102	49,04 %	49	23,56 %	16	7,69%

Frage 20: Haben Sie bereits von der Theorie „Behavioral Finance" gehört?

Antworten		
Optionen	**Häufig- keit**	**Anteil**
ja	45	28,30%
nein	114	71,70%
Summe	159	100%

Frage 21: Geschlecht?

Antworten		
Optionen	**Häufig- keit**	**Anteil**
weiblich	96	46,15%
männlich	112	53,85%
Summe	208	100%

Frage 22: Wie alt sind Sie?

Antworten		
Optionen	**Häufig- keit**	**Anteil**
jünger als 18 Jahre	4	1,92%
18-24 Jahre	74	35,58%
25-34 Jahre	59	28,37%
35-44 Jahre	30	14,42%
44-59 Jahre	33	15,87%
60 Jahre und älter	8	3,85%
Summe	208	100%

Frage 23: Höchster Bildungsabschluss?

Antworten		
Optionen	Häufig-keit	Anteil
Noch keinen Abschluss	2	0,96%
Hauptschul-/ Volksschul-abschluss	6	2,88%
Mittlere Reife	23	11,06%
Fachhochschulreife/ Abi-tur	60	28,85%
Bachelor / Diplom (FH)	29	13,94%
Abgeschlossene Berufsaus-bildung	52	25%
Master / Diplom (Uni)/ Magister	18	8,65%
Meister/Techniker	11	5,29%
Sonstiges	7	3,37%
Summe	208	100%

Frage 24: Wurde Ihnen in der Schule in einem Wirtschaftsfach Wissen über Finanzen und Geld übermittelt?

Antworten		
Optionen	Häufig-keit	Anteil
ja	107	51,94%
nein	99	48,06%
Summe	206	100%

Frage 25: Haben Sie eine abgeschlossene Ausbildung bzw. ein abgeschlossenes Studium mit wirtschaftlichem Schwerpunkt?

Antworten		
Optionen	Häufig-keit	Anteil
ja	66	66%
nein	34	34%
Summe	100	100%

Frage 26: Wie ist Ihre berufliche Stellung

Antworten		
Optionen	Häufig-keit	Anteil
Schüler	5	2,40%
Student/Azubi	54	25,96%
Angestellter	107	51,44%
Beamter	3	1,44%
Selbstständi-ger	29	13,94%
Arbeitslos	4	1,92%
Rentner	4	1,92%
Hausmann	2	0,96%
Summe	208	100%

Frage 27: Branche?

Antworten		
Optionen	Häufig-keit	Anteil
Banken, Versicherungen, Finanzbe-ratungen oder Ähnliches	106	54,92%
Sonstige	87	45,08%
Summe	193	100%

Frage 28: Wie hoch ist Ihr monatliches Bruttoeinkommen?

Antworten		
Optionen	Häufig-keit	Anteil
weniger als 1.500 €	66	31,73%
1.501 € bis 2.500 €	36	17,31%
2.501 € bis 3.500 €	37	17,79%
3.501 € bis 4.500 €	31	14,90%
4.501 € bis 5.500 €	15	7,21%
mehr als 5.500 €	23	11,06%
Summe	208	100%

Frage 29: Wie viel beträgt Ihr Gesamtvermögen?

Antworten		
Optionen	**Häufigkeit**	**Anteil**
weniger als 50.000 €	95	45,67%
50.001 € bis 150.000 €	41	19,71%
150.001 € bis 250.000 €	21	10,10%
250.001 € bis 350.000 €	19	9,13%
350.001 € bis 450.000 €	14	6,73%
450.001 € bis 550.000 €	4	1,92%
mehr als 550.000 €	14	6,73%
Summe	208	100%

Anlage 2: Interesse und Selbsteinschätzung zum Finanzwissen männlicher Teilnehmer[263]

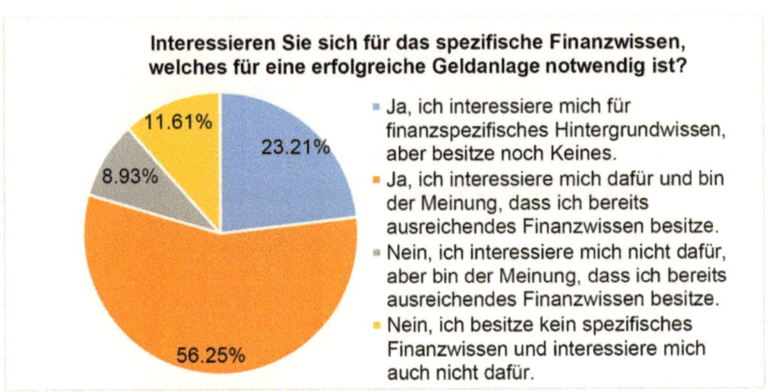

---

[263] Eigene Darstellung.